高等职业教育"十二五"规划教材

船舶概论与识图

王常涛 党 杰 主编

国防工业出版社

·北京·

内 容 简 介

本书内容可分为两部分：第一部分为船舶概论和船舶相关知识，主要讲述船舶简史、世界造船业的发展及船舶分类，军用舰船的主要船型、民用船舶、船舶动力装置、船舶材料、船舶主尺度与性能、船体结构与强度、船舶建造工艺；第二部分为船舶识图知识，重点是船体识图，主要讲述船体图样的分类、船体制图的标准、船体图样的一般规定、节点图与结构图示、总布置图、基本结构图、分段划分图与余量/补偿量布置图、分段结构图。

本书可作为高职院校、继续教育船舶类专业和船舶企业员工培训教材，也可以作为船舶行业工程技术人员的参考书。

图书在版编目(CIP)数据

船舶概论与识图 / 王常涛，党杰主编. —北京：国防工业出版社，2015.9
高等职业教育"十二五"规划教材
ISBN 978-7-118-10345-8

Ⅰ.①船… Ⅱ.①王…②党… Ⅲ.①船舶—概论—高等职业教育—教材②船体—识别—高等职业教育—教材 Ⅳ.①U66

中国版本图书馆 CIP 数据核字(2015)第 194071 号

※

国防工业出版社出版发行
(北京市海淀区紫竹院南路23号 邮政编码100048)
北京奥鑫印刷厂印刷
新华书店经售

*

开本 787×1092 1/16 印张 18½ 字数 302 千字
2015 年 9 月第 1 版第 1 次印刷 印数 1—4000 册 定价 36.00 元

(本书如有印装错误，我社负责调换)

国防书店：(010)88540777　　发行邮购：(010)88540776
发行传真：(010)88540755　　发行业务：(010)88540717

《船舶概论与识图》编委会

主　编　王常涛　党　杰

副主编　惠媛媛　卢　斌　窦　钧

　　　　马玉龙　孙瑞雪　李春玲

参　编　李玉琦　薛　钧　田晓伟　郭红星

　　　　许　磊　刁金香　张凌云　马安博

　　　　张　萍　东　方　宋鹏举　汪　洋

　　　　王晓彬　岳维奇　董利民　薄　英

主　审　宋佐强　宫国玺

序

国务院日前印发了"中国制造 2025",部署全面推进实施制造强国战略,把海洋工程装备和高技术船舶作为十大重点发展领域之一,明确了今后十年的发展重点和目标,提出了"创新驱动,质量为先,绿色发展,结构优化,人才为本"的总体要求,为我国海洋工程装备和高技术船舶发展指明了方向,赋予了船舶工业新的历史使命和要求。

船舶工业作为国家重要战略产业之一,是国家经济、技术、国防实力和信息化水平的重要标志,而高素质技能型船舶建造人才是船舶制造的根本。为适应船舶工业的高速发展和提高船舶工程建造水平的需要,大连船舶重工集团有限公司和西安航空职业技术学院强强联合,掀起校企合作新篇章,共同编写校企合作教材,创新了企业与高校联合培养人才的模式;为加快培养素质优良、结构合理的船舶制造业人才队伍,引领和推进实施船舶制造强国战略提供保障。

众所周知,中国船舶行业的旗舰——大连船舶重工集团有限公司,是目前国内唯一有能力提供产品研发、设计、建造、维修、改装、拆解等全寿命周期服务的船舶企业集团,是国内唯一汇聚军工、造船、海洋工程装备、拆修船和重工五大业务板块的装备制造集团。大连船舶重工集团钢结构制作有限公司是在大连船舶重工集团有限公司内员工数量最多、参与生产范围最广的所属企业,被集团誉为生产一线的"御林军"。西安航空职业技术学院始建于 1958 年,是一所经教育部批准的具有高等学历教育招生资格的全日制普通高等职业院校,隶属于陕西省教育厅,面向全国招生,学院是国家重点建设的百所示范性高等职业院校之一,学院主动适应经济体制、教育体制的改革变化,经过近十年的"工学结合"实践经验,提炼出了"工学四合"系统模式,即教育与产业结合、学校与企业结合、教学与生产结合、学习与就业结合。

大连船舶重工集团有限公司选派具有丰富实践经验和理论基础的工程技术人员、西安航空职业技术学院选派专业带头人、骨干教师等组成编写委员会。大家根据行业所需和教育部对高职高专培养高素质技术技能人才的要求,齐心协力,精心组织,认真编写了本书。本书在精选内容的基础上对课程体系进行了大胆的改革与重组,具有针对性、先进性、实用性和广泛性等特点,具有鲜明的船舶工程特色,是典型的校企合作之作。

相信本书将在国务院总理李克强批示形成的"崇尚一技之长、不唯学历凭能力"良好氛围中发挥更大的作用,培养出更多船舶专业的高素质技术技能人才,为我国船舶行业的快速发展奠定坚实的基础,提供强大的动力。

前　言

自改革开放以来,我国航海事业迅速发展,在军事航海、运输航海和科学考察航海等各方面都取得了振奋人心、享誉世界的辉煌成就。随着科学技术的迅猛发展,船舶科技发展也是日新月异,向着数字造船、绿色造船、精益造船、标准造船、总装造船的方向发展。应形势所需,大连船舶重工集团有限公司和西安航空职业技术学院倾力合作,以培养和鼓励更多的有志之士投身于船舶行业。

本书是根据行业所需和教育部对高职高专培养高素质技术技能人才的要求而编写的。在编写过程中,作者汲取了西安航空职业技术学院多年积累的实践教学经验和大连船舶重工集团有限公司先进的工程技术,在精选内容的基础上对课程体系进行了大胆的改革与重组。

本书的主要特点是:

(1) 针对性。本书是典型的校企合作之作,针对船厂生产和管理一线的需求,以"必须、够用"为度构建全新的教材体系。

(2) 先进性。本书编写采用了国家颁布的最新的有关造船图样的相关标准。同时,内容体现了我国当前先进的造船方法、技术和工艺。

(3) 生动性。书中选用了大量具有代表性的图例,难易程度适中,图文并茂,生动形象,使读者能够比较容易地理解内容。

(4) 实用性。本书紧密联系船厂的实际,巧妙结合了船舶概论和船体识图知识,更加突出了应用能力的培养。

(5) 广泛性。书中内容国内与国外均涉及,军工与民用同兼备,传统与创新相结合,能激发学生兴趣,增强教学效果,可以满足不同地区、不同造船企业的需求。

(6) 适应性。本书除作为高职院校船舶类各专业教材外,还可以作为船舶集团公司员工培训教材和继续教育同类专业的教材,以及为有关工程技术人员自学提供参考。

本书由西安航空职业技术学院选派的专业带头人、骨干教师和大连船舶重工集团选派的富有经验的工程技术人员合作编写。本书由大连船舶重工集团王常涛和西安航空职业技术学院党杰担任主编;西安航空职业技术学院惠媛媛、李春玲,大连船舶重工集团钢结构制作有限公司卢斌,大连船舶重工集团设计研究所窦钧、马玉龙、孙瑞雪担任副主编;参加编写的人员还有大连船舶重工集团钢结构制作有限公司薛钧、田晓伟、汪洋,大连船舶重工集团李玉琦,大连船舶重工集团设计研究所王晓彬、东方、宋鹏举、张萍、岳维奇、董利民、薄英,西安航空职业技术学院郭红星、许磊、刁金香、张凌云、马安博;由大连船舶重工集团设计研究所宋佐强、宫国玺担任主审。

本书编写过程中,得到了大连船舶重工集团有限公司和西安航空职业技术学院领导的大力支持,在此表示衷心的感谢。

　　虽然我们尽心竭力地组织和编写,但由于水平所限,书中难免存在一些缺点和不足,希望从事相关教育和培训的读者,发现问题时敬请批评指正,并能及时与我们联系,以便不断地完善,更好地为船舶行业服务。

大连船舶重工集团有限公司　　王常涛
西安航空职业技术学院　　党　杰

目 录

第1章 船舶简史及分类 ... 1
1.1 船舶发展简史 ... 1
- 1.1.1 风帆动力时期 ... 1
- 1.1.2 蒸汽机动力时期 ... 2
- 1.1.3 柴油机动力时期 ... 2
- 1.1.4 核动力时期 ... 3
- 1.1.5 造船发展新方向 ... 3

1.2 欧洲造船业 ... 3
- 1.2.1 达门造船集团 ... 3
- 1.2.2 布洛姆—福斯造船厂 ... 4
- 1.2.3 黑海造船厂 ... 4

1.3 亚洲造船业 ... 5
- 1.3.1 日本造船 ... 5
- 1.3.2 韩国造船 ... 6
- 1.3.3 中国造船 ... 7

1.4 船舶分类 ... 11
- 1.4.1 民用船舶的分类 ... 11
- 1.4.2 军用舰艇的分类 ... 11

第2章 军用舰船 ... 12
2.1 水面战斗舰艇 ... 12
- 2.1.1 导弹艇 ... 12
- 2.1.2 护卫舰 ... 13
- 2.1.3 驱逐舰 ... 14
- 2.1.4 航空母舰 ... 15

2.2 潜艇 ... 18
- 2.2.1 常规动力潜艇 ... 18
- 2.2.2 核动力潜艇 ... 18

2.3 辅助舰船 ... 20
- 2.3.1 补给船 ... 20
- 2.3.2 运输船 ... 20
- 2.3.3 救生船 ... 21

2.3.4　消磁船 ·· 21

第3章　民用船舶 ·· 22
3.1　运输船舶 ·· 22
　　3.1.1　货船 ·· 22
　　3.1.2　客船 ·· 24
3.2　海洋工程产品 ······································ 24
　　3.2.1　钻井平台 ······································ 25
　　3.2.2　储油船 ·· 25
3.3　工程船 ·· 26
3.4　高性能船舶 ·· 27

第4章　船舶动力装置 ···································· 29
4.1　船舶主动力装置 ···································· 29
　　4.1.1　主机 ·· 29
　　4.1.2　轴系 ·· 30
4.2　船舶辅助动力装置 ·································· 32
　　4.2.1　机舱自动化设备 ································ 32
　　4.2.2　船舶甲板机械 ·································· 33
　　4.2.3　电站 ·· 33
4.3　其他辅机和设备 ···································· 34
　　4.3.1　管路系统 ······································ 34
　　4.3.2　副锅炉装置 ···································· 34
　　4.3.3　船用泵 ·· 34

第5章　船舶材料 ·· 36
5.1　金属材料 ·· 36
　　5.1.1　碳素钢 ·· 36
　　5.1.2　合金钢 ·· 42
　　5.1.3　船用有色金属 ·································· 48
5.2　非金属材料 ·· 49
5.3　其他材料 ·· 49

第6章　船舶主尺度与性能 ································ 50
6.1　船舶主尺度 ·· 50
　　6.1.1　船体形状表示 ·································· 50
　　6.1.2　主尺度 ·· 51
　　6.1.3　主尺度比 ······································ 53
　　6.1.4　船型系数 ······································ 53
6.2　船舶基本性能 ······································ 55
　　6.2.1　浮性 ·· 55
　　6.2.2　稳性 ·· 55

		6.2.3 抗沉性	56
		6.2.4 快速性	56
		6.2.5 耐波性	57
		6.2.6 操纵性	59
	6.3	船舶使用性能	59
		6.3.1 船舶吨位	59
		6.3.2 航速	60
		6.3.3 续航力	61
		6.3.4 自持力	61

第7章 船体结构与强度 62

- 7.1 船体结构 62
  - 7.1.1 船体结构形式 62
  - 7.1.2 外板 63
  - 7.1.3 船底结构 64
  - 7.1.4 舷侧结构 67
  - 7.1.5 甲板 69
  - 7.1.6 水密舱壁结构 71
  - 7.1.7 船舶首尾端结构 72
  - 7.1.8 货舱剖面 74
- 7.2 舱室布置 75
  - 7.2.1 机舱 75
  - 7.2.2 货舱 75
  - 7.2.3 液舱 75
  - 7.2.4 隔离空舱 76
  - 7.2.5 锚链舱 76
  - 7.2.6 轴隧 76
  - 7.2.7 舵机间 76
  - 7.2.8 应急消防泵舱 76
- 7.3 上层建筑 77
  - 7.3.1 上层建筑的布置及分类 77
  - 7.3.2 上层建筑的形式 77
  - 7.3.3 上层建筑的结构 78
- 7.4 船体强度 79
  - 7.4.1 总纵强度 79
  - 7.4.2 横向强度 82
  - 7.4.3 局部强度 82

第8章 船舶建造工艺 84

- 8.1 船舶建造概述 84

  8.1.1　船舶建造的内容与工艺流程 … 84
  8.1.2　现代船舶建造模式 … 84
  8.1.3　船舶建造的准备工作 … 85
 8.2　船体放样与号料 … 86
  8.2.1　船体放样的内容 … 86
  8.2.2　船体放样、号料的方法 … 87
  8.2.3　号料和套料 … 87
 8.3　船体构件加工 … 88
  8.3.1　钢材预处理 … 88
  8.3.2　船体构件的边缘加工 … 90
  8.3.3　船体构件的成形加工 … 93
 8.4　船体装配焊接 … 96
  8.4.1　概述 … 96
  8.4.2　船体装配焊接各工序使用的重要工艺装备 … 97
  8.4.3　船体装配焊接各工序施工工艺方法 … 107
 8.5　船舶舾装 … 119
  8.5.1　船舶舾装的定义 … 119
  8.5.2　船舶舾装的分类 … 119
  8.5.3　船舶舾装的内容 … 120
  8.5.4　舾装工作流程 … 121
 8.6　其他 … 122
  8.6.1　船舶涂装 … 122
  8.6.2　船舶下水 … 124
  8.6.3　密性试验 … 124
  8.6.4　系泊试验、航行试验与交船 … 127

第9章　船体识图概述 … 132
 9.1　船体图样的分类 … 132
  9.1.1　总体图样 … 132
  9.1.2　船体结构图样 … 132
  9.1.3　船体舾装图样 … 132
  9.1.4　船体工艺图样 … 133
 9.2　船体图样的特点 … 133
  9.2.1　船体形状的表达 … 133
  9.2.2　简化画法 … 133
  9.2.3　尺寸标注原则 … 133
  9.2.4　船体的剖切和断裂画法 … 134
  9.2.5　工艺信息表示 … 134
 9.3　船体制图的标准 … 134

第 10 章 船体图样的一般规定 ··········· 136
10.1 图纸幅面和图样比例············ 136
10.1.1 图纸的幅面及格式（GB/T 4476.1—2008）········ 136
10.1.2 图样比例················ 137
10.2 图线及其应用················ 138
10.2.1 线型·················· 138
10.2.2 图线的画法············· 141
10.3 尺寸标注··················· 142
10.3.1 基本规定··············· 142
10.3.2 尺寸线的组成和标注······ 143
10.4 船舶焊缝代号················ 147
10.4.1 焊缝形式及形状尺寸······ 147
10.4.2 焊缝符号表示法·········· 152
10.4.3 焊接方法在图样上的表示·· 159
10.5 金属船体构件理论线··········· 160
10.5.1 金属船体构件理论线的基本原则······ 160
10.5.2 金属船体构件理论线的其他规定······ 161

第 11 章 节点图与结构图示············· 163
11.1 板材与常用型材的表达方法····· 163
11.1.1 板材的画法及尺寸标注···· 163
11.1.2 肘板的画法及尺寸标注···· 165
11.1.3 常用型材的画法·········· 167
11.2 板材、型材连接的画法········· 168
11.2.1 板材与板材连接的画法···· 168
11.2.2 型材与型材连接的画法···· 169
11.2.3 板材与型材连接的画法···· 170
11.2.4 型材贯穿的画法·········· 170
11.2.5 结构上通气孔和流水孔···· 171
11.3 船体结构表达方法············· 172
11.3.1 视图··················· 172
11.3.2 局部视图和斜视图········ 174
11.3.3 剖视图和剖面图·········· 175
11.3.4 简化画法··············· 177
11.3.5 局部详图表达方法········ 179
11.3.6 其他表达方法··········· 179
11.4 节点图绘制与识读············· 180
11.4.1 节点图的画法············ 181
11.4.2 识读节点图的方法········ 183

第 12 章　总布置图 ····· 185
12.1　总布置图的构成 ····· 185
12.1.1　总布置图剖面及信息 ····· 185
12.1.2　总布置图图面特点 ····· 188
12.1.3　总布置图中的图线 ····· 188
12.2　识读总布置图 ····· 189

第 13 章　基本结构图 ····· 192
13.1　基本结构图的组成和表达的内容 ····· 192
13.2　基本结构图中的图线 ····· 193
13.3　基本结构图识读 ····· 193

第 14 章　分段划分图与余量/补偿量布置图 ····· 196
14.1　分段划分图 ····· 196
14.1.1　分段划分图的组成 ····· 196
14.1.2　船体分段编码 ····· 197
14.1.3　分段明细栏 ····· 199
14.1.4　分段划分图的特点 ····· 199
14.2　余量/补偿量布置图 ····· 200
14.2.1　符号及含义 ····· 200
14.2.2　余量/补偿量布置图组成 ····· 202

第 15 章　分段结构图 ····· 208
15.1　分段结构图的用途 ····· 208
15.2　分段结构图的构成及符号 ····· 208
15.2.1　分段结构图的构成 ····· 208
15.2.2　零件编码、焊缝及尺寸标注 ····· 213
15.2.3　分段结构图的零件明细表 ····· 214
15.3　分段结构图识读 ····· 214

参考文献 ····· 219

第1章 船舶简史及分类

船舶是指能航行或停泊于水域进行运输或作业的工具。按其不同的使用要求而具有不同的技术性能、装备设施和结构形式。船舶在国防、国民经济和海洋开发等方面都具有十分重要的地位。

1.1 船舶发展简史

船舶的起源很早,从史前刳(kū)木为舟起,经历了独木舟和木板船时代。自世界上第一艘动力驱动的钢船问世后,便开始了以钢船为主的时代。同时,船舶的推进动力也由19世纪的风力驱动发展到现在的柴油机动力驱动及核动力驱动。

船舶工业迅速发展始于第一次世界大战中,战后由于美、英、日、德等国家展开了军备竞赛,使得世界造船业重新活跃。再一次的发展高峰期出现在第二次世界大战爆发后,大量军事订货和大规模物资供应的运输需要,加快了世界商船的发展步伐。随着人类社会的发展以及科学技术的进步,特别是进入21世纪后,航运业得到迅猛发展,人类越发频繁地使用各种船舶进行交通运输、渔业生产、资源开发和军事活动。

1.1.1 风帆动力时期

帆船起源于欧洲,其历史可以追溯到远古时代,最早的文字记载见于1900多年以前古罗马诗人维吉尔的作品中。15世纪初期,中国明代的郑和前后7次率领船队出海,到达世界30多个国家。他所率领的船队是一支特混舰队,有200余艘,是当时世界上最大的一支船队。其中一艘"宝船"(图1-1),载重量达7000吨,总排水量近1.7万吨,

图1-1 郑和与"宝船"

可容纳上千人。它的体式巍然,巨无匹敌,船的设计很独特,船的两头出梢、纵向通体的底龙骨、船底多层板,至今这种设计在中国东南沿海和东南亚仍然保留着。

现代帆船发展始于荷兰,1660年荷兰的阿姆斯特丹市市长将一艘名为"玛丽"(Mary)的帆船送给英国国王查理二世。帆船分稳向板帆艇和龙骨帆艇两种,荷兰的人型、星型等均属于稳向板帆艇,是世界上最普及的帆船。

15世纪到19世纪中叶是帆船的鼎盛时期,直到19世纪70年代以后,才逐渐被新兴的蒸汽机船所取代。

1.1.2 蒸汽机动力时期

1807年,美国的R·富尔顿建成第一艘往复式蒸汽机船"克莱蒙特"(Claremont)号(图1-2),并试航成功。1839年,第一艘装有螺旋桨推进器的蒸汽机船"阿基米德"(Archimedes)号问世(图1-3),这种推进器充分显示出它的优越性,因而被迅速推广。1868年,中国第一艘蒸汽机兵船"惠吉"(Hui ji)号建造成功。1896年,世界上第一艘回转式蒸汽轮机船"透平尼亚"(Turbinia)号在英国建成。

图1-2 蒸汽机船"克莱蒙特"号轮船

图1-3 蒸汽机船"阿基米德"号

20世纪初期,大西洋上的超大型客船都是以往复式蒸汽机为动力,直至20世纪50年代,才逐渐被柴油机动力淘汰。

1.1.3 柴油机动力时期

柴油机的发明者鲁道夫·狄赛尔本想把它用于汽车,但直至他去世也没有实现。不过,随着石油的开发,柴油机却率先在船舶动力推进中得到应用。最早将柴油机应用于船舶中的是1903年俄国建造的柴油机船"万达尔"(Vandal)号,而第一艘柴油机动力军舰是1904年法国建造的"埃及瑞特"(Aigrette)号潜艇,同型艇共两艘。由于柴油机热效率高、经济可靠,因而逐渐得到广泛应用,20世纪40年代末柴油机船的吨位就已超过蒸汽机船。

早期的柴油机主要应用于内河船舶和近岸潜艇,在经历了最初的发展阶段后,柴油机的技术日趋成熟,单机功率和可靠性都有大幅提高,为柴油机动力船驶向大海和远洋创造了基础。如今,柴油机已成为海洋舰船的标准动力配置。

1.1.4 核动力时期

原子能的发现和利用又为船舶动力开辟了一个新的途径。1954 年,美国建造的核潜艇"鹦鹉螺"(Nautilus)号下水。1959 年,美国在客货船"萨凡那"(Savannah)号上成功使用功率 2 万马力(1 马力 ≈ 745W)的核动力装置。1960 年,前苏联建成了核动力破冰船(图 1-4)。现在,世界上有 6 个国家拥有核动力舰船。

核动力发动机具有长航时的特性必将具有极为广泛的应用前景和市场价值。目前,受其价格和复杂性影响,核动力发动机主要应用于军用舰船。

图 1-4 前苏联的核动力破冰船

1.1.5 造船发展新方向

近年来,智能化造船得到快速发展,"工业 4.0"正在欧美蓬勃发展,机器人和智能装备产业受到越来越广泛的关注和利用,适应国际产业革命形成的新态势,制造产业向服务化、高端化、智能化、网络化、绿色化趋势发展,而亚洲的造船形势也在悄然变化之中。

1.2 欧洲造船业

欧洲造船的历史很悠久,曾经是世界造船业的中心。从 20 世纪 70 年代下半期开始,欧洲的造船产量逐年下降。然而在一些特殊船舶(如海洋工程船、挖泥船)、高附加值船(如豪华游船、化学品船)方面,欧洲造船业还保持着较强的竞争力。如荷兰的达门造船集团(Damen Group)、德国的布洛姆—福斯造船厂(Blohm & Voss)、乌克兰的黑海造船厂(即尼古拉耶夫造船厂 Nikolayev)等。

1.2.1 达门造船集团

荷兰的达门造船集团成立于 1927 年,在全球拥有 35 家造船厂及相关公司。达门造船集团拥有成熟的生产技术,在全球造船业具有领先地位,能建造具有世界先进水平的全回转拖轮、标准拖轮、集装箱船(图 1-5)、高速艇、挖泥船、大型货轮、浅海多功能工程船等各类船舶。

图1-5 荷兰达门多功能集装箱船

1.2.2 布洛姆—福斯造船厂

布洛姆—福斯造船厂(Blohm & Voss)位于德国汉堡,于1877年由海尔曼·布洛姆和因斯特·福斯创立。19世纪末期,德国造船业急剧扩张,船厂扩建了船台和浮船坞,为德国海军建造战列舰和战列巡洋舰。第二次世界大战期间,布洛姆·福斯造船厂建造了大名鼎鼎的"俾斯麦"(Bismarck)号战列舰和大量潜艇。战后布洛姆—福斯造船厂一度偏重于民船建造,曾为沙特王室顾问艾拉什德建造了"莫拉女士"(Yacht Lady Moura)号游艇,被列入世界10大豪华游艇。从1970年开始,布洛姆—福斯船厂重新开始建造作战舰艇,设计并建造了世界上第一款模块化的护卫舰——MEKO(德语 Mehrzweck – fregattenkonzept 的缩写)(图1-6)。

图1-6 "MEKO"级护卫舰

1.2.3 黑海造船厂

乌克兰的黑海造船厂是前苏联时期技术最先进的船厂,拥有900吨吊车。作为前苏联唯一能制造航空母舰的造船厂,拥有制造航母所需的技术和设备,前苏联海军最大的67000吨级的航空母舰"库兹涅佐夫海军上将"(Admiral kuznetsov)号(图1-7)就是苏联时期该厂同期建造的。

图 1-7 "库兹涅佐夫海军上将"号航空母舰

1.3 亚洲造船业

亚洲的大陆海岸线绵长而曲折,是世界上海岸线最长的洲,其海岸线长达 69900km,这使亚洲造船业拥有了得天独厚的地理条件。在亚洲,日本、韩国、中国在造船与修船市场领域占据主导地位。近年来,修改为:近年来,随着中国劳动力成本的增加,亚洲造船中心呈现向东南亚转移的趋势,印度尼西亚、马来西亚、菲律宾、泰国和越南等国家的造船能力得到快速提高。

1.3.1 日本造船

日本近代造船工业始于 19 世纪 50 年代,在第一次世界大战中得到迅速发展。其产能在 1955 年超过英国成为世界第一大造船国,发展至今,仍保有相当高的造船技术水平。

1. 企业结构

日本船舶工业由私营企业构成,规模十分庞大,船厂数量众多。这些船厂以东京、横滨、大阪、神户和长崎为中心,主要分布在九洲、四国等地区。

2002 年开始,为重振造船业,日本陆续加强了造船企业间的改革重组。并通过技术创新、优化资源配置、调整产品结构等增强竞争力。如 2013 年,宇宙造船公司与石川岛播磨重工公司正式合并,成立日本造船联合公司。重组后,整合了原有的资源,并根据用户需求精心设计和施工,提高了设备利用率,降低了成本,将主要资源集中到研发和优势项目上。

2. 造船能力

日本具有雄厚的造船实力,产品种类齐全,从各种类型的货船、客船、油船到技术复杂的液化气船等(图 1-8)。日本船厂近些年将大量资金投入到研究与发展(R&D)项目和新型生产设备中,企业此项开支逐年增加。目前日本大中型造船企业大量运用 CAD、CAM 和 CIMS 技术,并采取精度管理,目的是要保证产品质量、性能、生产进度并降低成本。大量现代化设备越来越多的引入生产领域,生产效率不断提高,生产成本逐步下降,财务状况逐渐好转,这使得日本船厂在市场竞争中能够处于相对主动的地位。

图1-8　日本最新型环保集装箱船

根据克拉克松(Clarkson)统计,2015年1月,日本造船企业的订单量达99.1万修正总吨(Compensafed Gross Tomage,CGT),全球占有率达到46%,这也是日本自2008年3月以来,第一次在月度新承接的订单量方面跃居全球第一。

日本造船企业订单量大增的原因之一是抢抓高技术性船型,他们已经把大型集装箱船和海工船的建造作为市场的主攻方向。同时,政府加大投资力度,提高资金支持以鼓励企业大力开拓海工市场,在散货船方面更是提出了"环保"的时尚口号。做工精细,服务贴心,管理良好,效率较高等管理方面的优势也是使其订单大增的原因。

1.3.2　韩国造船

造船业是韩国的主要支柱产业之一,造船综合能力与日本不分伯仲,居世界领先地位。特别是2008年美国次贷引发的全球金融危机后,韩国造船业发展迅速,为带动经济的复苏和发展起到了功不可没的作用,被韩国经济界称为"孝子产业"。近年来,韩国造船业在面对日益激烈的国际竞争,仍保持着强劲势头,稳居世界前列,其辉煌成果让各国业界叹服。

1. 企业结构

韩国造船企业共有130余家,包括韩国造船工业协会所属的多家大型、中型船厂以及韩国造船工业协会协同组合的中小造船会员企业100多家。韩国造船企业在大力发展多种经营,这也是为了摆脱对造船行业的过度依赖。此外,韩国船企在船市低谷时期实施兼并重组,构建了新业务体系,发展成为综合性重工集团。其中,以三星、现代和大宇三大集团为主,主导着造船业的整体生产和发展领域。

2. 造船能力

目前,韩国建造油船、集装箱船、液化天然气船(LNG)、浮式生产储油船(FPSO)(图1-9)及其他高附加值产品(如海上钻井平台装备)的能力居世界领先地位。

图1-9 三星重工建造的"FPSO"

1973年,韩国现代集团建造了第一艘大型货轮,开启了韩国现代造船业的序幕。到1999年,韩国承接造船订单居世界第一位,在造船技术和质量上也取得了长足进步,尤其在船体建造质量上已经可以同日本相媲美。在2002年中,韩国造船工业协会和产业资源部就提出了未来十年韩国造船业应实现的目标。近年来,韩国持续大力发展先进船型以提高竞争力,积极研发游船和客船,在海洋工程领域更有新的发展,提高船用设备的国产化率,重视造船业人才及新技术开发。从2003年开始,韩国造船业在接受订单量、建造量、待处理订单量三大指标中均列世界第一。

截止到2014年末,韩国造船业界共获得358艘船舶订单,占同期全球订单量的61%。而到2015年,几乎被韩国三大造船巨头垄断的LNG船和大型集装箱货轮订单的前景也很乐观,韩国造船业势头强劲。

1.3.3 中国造船

中华民族历史悠久,有璀璨的古代文明,航海与造船是古代文明的重要组成部分。无论是根据史书记载或是考古发现,都证明中国是很早从事航海和建造舟船的国家。中国自古以来就有"伏羲氏刳木为舟,剡木为楫"的美丽传说。春秋战国时期就有了造船工厂,能够制造战船。汉代已能制造带舵的楼船。到三国两晋时期,所建长江战船已有楼五层,可载兵数千,航行于海上的帆船,长六七十米,能载六七百人,载货物100吨(图1-10)。

清代江南制造局是中国工业的摇篮,是清朝洋务运动中成立的军事生产机构,建于1865年9月20日的上海,由曾国藩规划,后由李鸿章实际负责,是李鸿章在上海创办的规模最大的洋务企业,对于清朝的军事力量以及重工业生产都有提升

图1-10 中国早期的船舶

作用。其附属设施广方言馆等对晚清知识分子吸收西方知识产生了很大的影响。1868年9月28日,上海江南制造总局第一艘火轮船竣工。

新中国成立后,国家集中各方面力量发展船舶工业,经过近30年的努力,基本建成了门类齐全的船舶工业体系。改革开放以来,更是走出了一条投资省、见效快的自强振兴之路。21世纪以来,中国的船舶工业更是进入快速发展时期,从造船产量的增加到各类超大型船舶的建造以及成功进入天然气船建造市场,打破了少数国家的垄断。中国造船工业不断壮大,已然成为世界造船工业中的重要力量,中、日、韩三国成鼎足之势。

1. 企业结构

目前,中国造船工业呈现以受中央直接管理的中国船舶工业集团公司和中国船舶重工集团公司(以下分别简称为CSSC和CSIC)两大企业集团和众多地方民营企业的格局。中国造船行业两大集团公司以长江为界划分,长江以南为CSSC、长江以北为CSIC。

CSSC和CSIC是中国船舶工业的主要力量,旗下聚集着一批实力较强的造修船企业、船舶研究设计所和船舶配套企业等如CSSC旗下的江南造船(集团)有限责任公司(江南造船)、沪东中华(造船)集团有限公司(沪东中华)、上海外高桥造船有限公司(上海外高桥)、广州中船龙穴造船有限公司(广州龙穴)、中国船舶及海洋工程设计研究院等;CSIC旗下的大连船舶重工集团有限公司(大船重工)、渤海船舶重工有限责任公司(渤船重工)、武昌船舶重工有限责任公司(武船)、青岛北海船舶重工有限责任公司(青岛北海)等,具有较强的自主创新和产品开发能力。

与此同时,中国各地方民营造船企业也在牢牢抓住目前难得的发展机遇,凭借机制灵活、利益直接、效率较高等诸多优势,民营造船企业已经占据了造船业的半壁江山。经过几年的快速发展,已形成了一批优秀企业,如南通中远川崎船舶工程(南通中远)、江苏新世纪造船(江苏新世纪)、江苏扬子江造船(江苏扬子江)等公司。他们的造船完工量、新承接订单量、手持订单排名已经进入或部分进入全国前十,他们已成为中国船舶业发展的又一支重要力量。

2. 造船能力

中国造船业在自主创新能力、产品结构、生产效率和船舶配套产业发展方面仍然有较大的发展空间。因而未来世界造船行业竞争的速度和格局的演变是非常激烈的,随着世界造船中心的东移,船舶市场已经形成日本、韩国、中国的竞争态势。即便如此,中国造船行业在科技水平综合实力方面与日本、韩国仍然存在一定的差距。

CSSC和CSIC的民用船舶与设施产品的种类从普通油船、散货船到具有当代国际水平的化学品船、客滚船、大型集装箱船、大型液化气船、大型自卸船、高速船、液化天然气船(LNG)、超大型原油船(VLCC)及海洋工程等(图1-11~图1-14)船舶产品已出口到150多个国家和地区,船舶配套产品出口到60多个国家和地区。

图1-11　30万吨级原油船

图1-12　316000吨超大型原油船

图1-13　180000吨"好望角"号散货船

在军用舰船方面,弹道导弹核潜艇和"远望"号等测量船的成功研制、新型舰船先后配合洲际运载火箭发射、同步通信卫星发射、潜地导弹水下发射及南极考察任务的胜利完成,标志着中国舰艇科学技术在当代高技术领域中达到了新的水平。此外,海

图 1-14　LK-60 核动力破冰船

洋工程也已成为中国船舶工业的重要分支,在国际工程船舶领域也已占有一席之地。中国建造的现代化钻井平台等工程船舶在国际市场上已具有相当强的竞争能力,中国承建的深水半潜式钻井平台已属同类船中的第六代产品。

CSIC 旗下大连船舶重工集团有限公司(简称为 DSIC),始建于 1898 年,企业占地面积 500 多万平方米,最大起重能力 900 吨,产品覆盖了军工、造船、海洋工程装备、修/拆船、重工五大产业,创造了中国造船业 70 多个第一,是目前国内规模最大、建造产品最齐全、最具有国际竞争力的特大型现代化船舶总装厂,其先后建造了多类型军、民用船舶(图 1-15)。

(a) 912 舰　　　　　　　　　　　　(b) 30 万吨原油船

图 1-15　大连船舶重工集团公司建造的军民用船舶

CSSC 旗下的江南造船(集团)有限责任公司是 CSSC 全资子公司。始建于 1865 年,占地面积 337 万平方米,具备年 400 万载重吨的船舶生产能力。其主要产品包括巴拿马型、好望角型散货船、大中型集装箱船、成品油、化学品船,各类液化气船以及航天测量船、科学考察船等,产品远销亚洲、欧洲、美洲等地。

其他诸如沪东中华、上海外高桥、广州龙穴、渤船重工、武船重工、青岛北海船舶等,也正在根据自身特点,努力适应市场需求,加强创新驱动,开发适应市场需求的绿色船舶、品牌船型以技术引领市场。

到20世纪末,中国已基本形成了一个具有相当规模和实力的造船工业体系。船舶的科研、设计、试制到生产、协作配套和教育等各个方面都达到了国际先进水平。

1.4　船舶分类

由于船舶的发展,现代船舶的种类很多,有多种分类方法。如按船体材料分,有木船、钢船和玻璃钢船等;按航行区域分,有远洋船、近洋船、沿海船和内河船等;按动力装置分,有蒸汽机船、内燃机船、汽轮机船和核动力船等;按推进方式分,有明轮船、螺旋桨船及风帆助航船等;按照船舶的用途分,有民用船舶和军用船舶等。在此简要介绍民用船舶和军用舰艇的分类。

1.4.1　民用船舶的分类

（1）运输船——客船、客货船、货船、渡船、驳船等。
（2）工程船——挖泥船、起重船、浮船坞、救捞船、布设船、打桩船。
（3）渔业船——网类渔船、钓类渔船、捕鲸船、渔业加工船、冷藏运输船等。
（4）港务船——破冰船、引航船、消防船、交通船、工作船、浮油回收船等。
（5）海洋开发船——海洋调查船、深潜器（艇）、钻井船、钻井平台等。
（6）拖船和推船——海洋拖船、港作拖船、内河拖船等。
（7）高速船艇——水翼艇、气垫船、冲翼艇、半潜式小水面艇等。

1.4.2　军用舰艇的分类

（1）水面战斗舰艇——航空母舰、直升机母舰、战列舰、巡洋舰、驱逐舰、护卫舰、导弹艇、鱼雷艇、猎潜艇、护卫艇等。
（2）水中战斗舰艇——攻击型潜艇、战略导弹潜艇。
（3）特种战斗舰船——两栖舰艇、布雷舰艇、扫雷舰艇、猎雷艇。
（4）辅助舰艇——后支援船、海上救助船、情报支援船、试验训练船,港务支援船等。

第2章 军用舰船

军用舰船是执行战斗任务和军事辅助任务的各类船舶的总称,通常分为战斗舰艇和辅助舰船两大类。也可分为水面舰船和潜艇两大类,水面舰船是在水面航行的战斗舰艇、登陆舰艇、辅助舰船的总称,具有直接作战能力的水面舰船称为水面战斗舰艇,水面战斗舰艇与登陆舰艇一起称为水面舰艇。

2.1 水面战斗舰艇

水面战斗舰艇包括导弹艇、布雷舰艇、炮艇、鱼雷艇、猎潜艇、战列舰、护卫舰、巡洋舰、驱逐舰、航空母舰等。

2.1.1 导弹艇

导弹艇是以舰载导弹为主要武器用于近海作战的小型战斗舰艇。可对敌大、中型水面舰船实施导弹攻击,也可担负巡逻、警戒、反潜、布雷等任务。导弹艇吨位小、航速高、机动灵活、攻击威力大,艇上装有巡航式舰对舰导弹2~8枚,20~76毫米舰炮两座,以及各种鱼雷、水雷、深水炸弹和舰对空导弹等。此外还有搜索探测、武器控制、通信导航、电子对抗和指挥控制自动化系统。导弹艇自20世纪50年代末问世以来,在第三次中东战争及其以后的局部战争中得到广泛运用,战果显赫,为越来越多的国家所重视(图2-1~图2-4)。

图2-1 中国海军021型"黄蜂"级导弹艇

图2-2 "河谷"级(024型)导弹艇

图2-3 "红箭"级(037Ⅱ)导弹艇

图2-4 "022"级隐形导弹艇

2.1.2 护卫舰

护卫舰是以中小口径舰炮、各种导弹、水中武器(鱼雷、水雷、深水炸弹)为主要武器的中型或轻型军舰。它可以执行护航、反潜、防空、侦察、警戒巡逻、布雷、支援登陆和保障陆军濒海翼侧等作战任务,曾被称为护航舰或护航驱逐舰。在现代海军编队中,护卫舰是在吨位和火力上仅次于驱逐舰的水面作战舰只,但其吨位较小,自持力较驱逐舰弱,远洋作战能力逊于驱逐舰。护卫舰和战列舰、巡洋舰、驱逐舰一样,也是传统的海军舰种,是当代世界各国建造数量最多、分布最广、参战机会最多的一种中型水面舰艇。

20世纪以来,护卫舰和其他海军舰种一样向着大型化、导弹化、电子化、指挥自动化的方向发展,并有专用的防空、反潜、雷达警戒护卫舰的分工,一些护卫舰上还载有反潜直升机。现代护卫舰与驱逐舰的区别并不十分明显,只是前者在吨位、火力、续航能力上稍逊于后者,甚至一些国家的大型护卫舰在这些方面还强于某些驱逐舰,有的国家已经开始慢慢淘汰护卫舰,统一用驱逐舰。

护卫舰主要装备舰炮、反舰/防空/反潜导弹、多种类型雷达、声纳和自动化指挥系统、武器控制系统。其动力装置一般采用柴油或柴油—燃气轮机联合动力装置。部分护卫舰还装备舰载直升机,可以担负护航、反潜警戒、导弹中继制导等任务。有些拥有较多海外利益的国家还发展了一种具有强大护航力,用于海外领地和远海巡逻的护卫舰,如法国的花月级护卫舰。此外,还有一种吨位更小的护卫艇,用于沿海或沿江河巡逻警戒(图2-5和图2-6)。

图2-5 德国F125护卫舰

图2-6 中国568护卫舰

2.1.3 驱逐舰

驱逐舰是以导弹、鱼雷、舰炮等为主要武器,具有多种作战能力的中型军舰。它是海军舰队中突击力较强的舰种之一,用于攻击潜艇和水面舰船、舰队防空以及护航、侦察巡逻警戒、布雷、袭击岸上目标等,广泛的作战能力,使得驱逐舰成为现代海军舰艇中用途最广、数量最多的舰艇之一,驱逐舰在很多大型海战中扮演着重要的角色。

驱逐舰自19世纪90年代诞生以来至今已有约120年的历史,是海军重要的舰种之一,驱逐舰的主要舰种有导弹驱逐舰和反潜驱逐舰。

导弹驱逐舰是以舰对舰导弹为主要武器对海上目标实施打击,兼有防空、反潜、护航等任务的多用途的水面攻击型战舰,其主要作战任务是为大型舰队和运输船队护航。其武器装备有舰炮、高炮、反潜深水炸弹、鱼雷等。驱逐舰的代表是美国的"伯克"级,欧洲的"地平线"级(图2-7)和中国的052D型(图2-8),它们都配置有先进的"垂直发射系统",掌握强大的防空能力和综合作战性能。

图2-7 法国"地平线"级导弹驱逐舰

图2-8 中国的052D型导弹驱逐舰

反潜驱逐舰吨位通常要小于防空驱逐舰,一般为3000~7000吨,以反潜和反舰作为自身主要任务,主要装备尖端的声纳反潜设备和反舰武器,辅以近程点防空导弹辅助防空作战,以敌方潜艇和突破己方防空的"漏网之鱼"为目标。这类舰艇的作战能力比较全面,防空、反潜、反舰任务都可以执行,但不适合激烈的制空权争夺保卫战。这类舰艇的代表是美国"斯普鲁恩斯"级(图2-9),中国"旅沪"级(图2-10),日本的"村雨"级(图2-11),中国052D型(图2-12),它们都具有中等吨位,强大的反潜和反舰能力以及相对较弱的防空能力。

图2-9 美国"斯普鲁恩斯"级反潜驱逐舰

图2-10 中国的051C型反潜驱逐舰

图2-11 日本"村雨"级反潜驱逐舰

图2-12 中国"旅沪"级反潜驱逐舰

2.1.4 航空母舰

航空母舰简称为"航母""空母",是一种以舰载机为主要作战武器的大型水面舰艇,舰体通常拥有巨大的甲板和坐落于左右其中一侧的舰岛。航母是航空母舰战斗群的核心,舰队中的其他船只为其提供保护和供给,而航母则提供空中掩护和远程打击能力。发展至今,航空母舰已是现代海军不可或缺的武器,也是海战最重要的舰艇之一。

航空母舰是现代科学技术的产物,是以舰载作战飞机为主要武器,并整合通信、情报、作战信息、反潜反导装置及后勤保障为一体的大型海上战斗机移动基地平台。依靠航空母舰,一个国家可以在远离其国土的地方,不依赖当地的机场而对对方施加军事压力和进行作战行动。世界上第一艘航空母舰是英国皇家海军的"百眼巨人"号(图2-13)。它的诞生标志着世界海上力量发生了从制海到制空、制海相结合的一次革命性变化。

图 2-13 "百眼巨人"号

航空母舰的主要武器装备是它装载的各种舰载机,歼击机、轰炸机、预警机、固定翼反潜机、电子战机、救援直升机等(图 2-14)。舰载机是航空母舰最好的进攻和防御武器。

图 2-14 航空母舰主要武器装备

航空母舰上部有一个供飞机起飞、降落用的宽阔而平坦的飞行甲板,飞行甲板以下有 8~11 层甲板,船底为双层底,采用分层结构(图 2-15)是为了保证其有最宽阔的飞行甲板,上层建筑、烟囱及桅杆等一般集中在船体中段的右舷;上层建筑甲板有 6~9 层,在上层建筑内布置各种指挥部门的舱室。飞行甲板两侧的下面为飞行甲板走廊。舷侧有突出的舷台布置火炮、导弹、起重机及小艇等。飞行甲板上的其余甲板面积可分为起飞、降落和待机 3 个区域,起飞跑道位于舰首部,飞机起飞时是向首端冲出,这样可以充分利用本舰航速以加快飞机起飞速度;降落跑道在航空母舰上称为斜角甲板,它位于舰尾部左舷,其中心线与起飞甲板之间的夹角为 10°左右,飞机着舰是从舰尾沿着斜角甲板进入,这样飞机的着舰速度相对减小,有利于飞机降落。

由于航空母舰上的起飞跑道长度有限,飞机滑行至甲板端时还不可能加速至起飞速度,为此在飞机甲板首部装有飞机弹射器,可使飞机加速到足以起飞的速度。此外,飞机着舰时的降落速度仍然很高,而斜角甲板的长度也有限,如不采取有效措施,

图 2-15 航空母舰分层结构

着舰后的飞机将很快超越甲板复飞或掉入海洋,为此斜角甲板后部装有阻拦索、阻拦网等,以保证飞机安全着舰和停止。平时飞机存放在飞行甲板下的机库里,使用时依靠升降机把飞机从机库里运升至飞行甲板上的待机区。舰员的生活、工作区也大部分在飞行甲板以下。舰上还装有各种现代电子设备,供驾驶航空母舰和指挥作战飞机使用。航空母舰的内部结构及作用如图 2-16 所示。

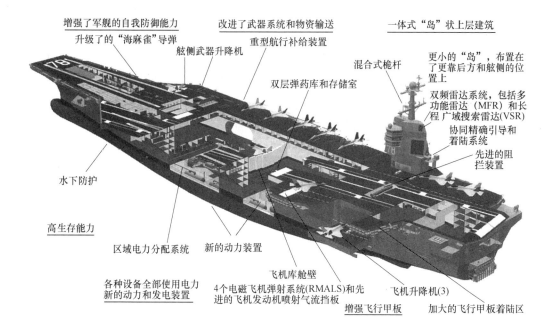

图 2-16 航空母舰内部结构

航空母舰作为军舰,是陆地的延伸,它可以把军事力量送到对方海岸线附近。它具有很多特点,简要介绍如下:①攻击力强大,可搭载几十至上百架各种舰机及各类火炮和导弹发射装置;②航速快,它的航速是一般客船的3~4倍;③排水量大,排水量小的在几万吨,大的可达10万吨以上;④电子设备多,一艘航母的各种雷达发射、接收装置达200多部,天线70多个。

2.2 潜 艇

潜艇是能潜入水下活动和作战的舰艇,又称为潜水艇,它具有良好的隐蔽性、较大的自给力、续航力和较强的突击威力。潜艇无论正常排水量多大均称为艇,潜艇根据推进动力源不同分为常规动力潜艇和核动力潜艇。

2.2.1 常规动力潜艇

常规动力潜艇是一种采用柴油机—蓄电池动力、能在水下隐蔽活动和战斗的潜艇,它的特点是隐蔽性好、机动性强、突击威力大。它可以不依赖其他兵种的支援,长期在海上活动,进行独立作战,具有很大的威慑性;但常规潜艇也存在航速低、通气管航行状态充电时易暴露自己和自卫能力差等缺点。第二次世界大战后,各国海军均把潜艇的发展放在重要的地位。

由于常规潜艇具有噪声小、价格低、建造周期短、可以在浅海区域活动的特点,更适于沿海作战,因而受到中小国家的欢迎。到目前为止,世界上已有45个国家拥有常规潜艇,总数量为440多艘。中国的常规动力潜艇如图2-17和图2-18所示。

图2-17 宋级常规动力潜艇

图2-18 元级常规动力潜艇

2.2.2 核动力潜艇

核动力潜艇简称为核潜艇,核潜艇的动力装置是核反应堆。之所以称为核潜艇是因为它是以核能为推进动力源的潜艇,也就是说在核反应堆中产生了热能,由一回路中的水把热量带走,传递到蒸汽发生器中加热二回路侧的水成为蒸汽,再由产生的蒸汽带动汽轮机转动。与核电站不同的是,在舰船上不是要产生电能,而是要带动螺旋桨产生动力。世界上第一艘核潜艇是美国的"鹦鹉螺"号,1957年它的试航宣告了核潜艇的诞生。核潜艇的出现和核战略导弹的运用,使潜艇发展进入了一个新阶段。

因为其强大的续航性,核潜艇在军事战争中备受关注。在一些国家的军事思想中,核潜艇是应对核动力航空母舰的最有力武器。作为战略打击力量,核潜艇可以装备带核弹头的弹道导弹或巡航导弹。核潜艇是一国潜艇中的战略力量,弹道导弹核潜艇(也称战略核潜艇)为当前军事理念中军事核能"三位一体"中海基核力量的主要实现形式。

与常规动力潜艇相比,核潜艇具有高隐蔽性、高巡航时间、高航速、高攻击力等优点,缺点是造价昂贵、不利于沿海或浅海活动、退役处置困难等。目前全世界公开宣称拥有核潜艇的国家主要有美国、俄罗斯、中国、英国、法国、印度,其中美国和俄罗斯拥有核潜艇数量最多。核潜艇一般分为两种:攻击型核潜艇与导弹核潜艇。按武器装备可以分为鱼雷核潜艇和导弹核潜艇等(图2-19~图2-22)。

图2-19 美国"俄亥俄"级战略核潜艇

图2-20 俄罗斯"北风之神"级核潜艇

图2-21 英国"前卫"级核潜艇

图2-22 中国094型核潜艇

2.3 辅助舰船

2.3.1 补给船

补给船(图2-23)是用以向航母战斗编队或舰船供应正常执勤所需的燃油、航空燃油、弹药、食品、备件等各种补给品的军舰。20世纪60年代美国研制成综合补给船"萨克拉门托"号以来,共建造两级综合补给船,即"萨克拉门托"级(1964—1970年服役,四艘)和"威奇塔"级(1969—1976年服役,七艘)。为加强舰队航行补给能力,20世纪80年代初美开始研制一级新综合补给船,这是美海军自1976年完成"威奇塔"级最后一艘船"罗诺基"号以来首次建造综合补给船。中国目前一共建造过三型七艘补给舰,包括"太仓"级(北约代号"福清"级,共四艘,现役两艘)、"南仓"级(共一艘,现役一艘)以及新型补给舰。

图2-23 补给船

2.3.2 运输船

运输船(图2-24)是用于向陆上基地或岛屿运送人员、武器装备和军需物资的勤务船。装备有防御武器,或备有安装这种武器的基座和部位。航速一般为20kn左右。运输舰船一般分为人员运输船、液货运输船、干货运输船和冷藏运输船等。

图2-24 运输船

2.3.3 救生船

救生船(图 2-25)是为失事潜艇的艇员提供生存保障,援救其脱险,为潜艇创造起浮条件,打捞沉没潜艇;对失事水面舰船实施脱浅离礁、灭火、堵漏排水和拖带,打捞沉没舰船;提供潜水勤务保障和海上科学试验的打捞救生保障等。现代救生船还装备有援救失事潜艇艇员的深潜救生艇、深潜器、救生直升机、饱和潜水设备和定位、搜索、通信设备等。

图 2-25 救生船

2.3.4 消磁船

消磁船(图 2-26)是为舰艇检查并消减舰艇自身固定磁性的辅助舰船。舰船长期航行,受地球磁力和机器运转、海水等影响会产生一定的剩余磁场,为了提高舰艇的磁性防护能力,防御水中磁性武器(如磁性感应水雷)的攻击和被磁探测仪器发现,保障舰艇航行安全,一般新造和修理后的舰船以及使用一定期限的舰船都要进行消磁。

图 2-26 消磁船

第3章 民用船舶

民用舰船是指用于载运旅客和货物的船舶,又称为商船。通常分为客船和货船以及客货兼载的客货船。

3.1 运输船舶

作为运输工具,船舶同其他运输方式所用工具相比,优点是运载量大、营运成本低。随着世界经济的发展,现代运输船舶的种类繁多(如多用途货船、散装货船、液货船、冷藏船、集装箱船、滚装船和载驳船等)、技术复杂、专业化程度高。

3.1.1 货船

货船主要分为液货船、散货船和集装箱船。

1. 液货船

液货船主要包括成品油船及原油船、液化天然气船(简称LNG)等。

成品油船是专门载运柴油、汽油、煤油和润滑油等石油制品的船舶(图3-1和图3-2)。成品油船按易燃程度分为一级油船、二级油船、三级油船,其结构与原油船相似,但吨位较小,有很高的防火、防爆要求。

图3-1 45000吨化学品船/成品油船　　图3-2 110000吨成品油船

原油船专门用于运送原油类货物。由于原油运量巨大,油船中超级油轮的载重量亦可达50多万吨,是船舶中的最大者。其结构随着环保要求的提高,由单底演变成向双壳、双底的形式。甲板上无大的舱口,用泵和管道装卸原油,设有加热设施在低温时对原油加热,防止其凝固而影响装卸。

油船由于其所运货物的单一,其特点主要有:对码头水深没有太严格的要求,载重量较大,必须设置双层底或双层船壳,机舱通常设置在尾部等。

液化天然气船是指将天然气从液化厂运往接收站的专用船舶,主要有球罐型和薄膜型两大类。其建造难度较大、较复杂,被称为"三高"船舶,即高技术、高难度、高附加值,主要用于运输液化天然气(图3-3和图3-4)。

图3-3 薄膜型液化气船　　　　　　　图3-4 球罐型液化气船

2. 散货船

散货船是用以装载无包装的大宗货物的船舶。专用于运送煤炭、矿砂、谷物、化肥、水泥、钢铁等散装物资。按载运的货物不同,又可分为矿砂船(图3-5)、运煤船、散粮船、散装水泥船、运木船等。

图3-5 40万吨级矿砂船

3. 集装箱船

集装箱船是一种专门载运集装箱的船舶(图3-6和图3-7),全部或大部分船舱用来装载集装箱,往往在甲板或舱盖上也可堆放集装箱。集装箱船多为单层甲板,双船壳,货舱口宽而长,货舱的尺寸按载箱的要求规格化,且大多数船舶本身没有起吊设备,需要依靠码头上的起吊设备进行装卸。集装箱运输业发展很快,已成为件杂货的主要运输方式,发展趋向大型化。2014年,2万箱集装箱船已诞生。

图3-6 中海万箱集装箱船

图3-7 4250箱集装箱船

3.1.2 客船

客船是指专门用于运送旅客及其可携带行李和邮件的船舶。客船具有多层甲板的上层建筑,设有完善的餐厅、卫生和娱乐设施,另配有足够的救生设备、消防设备和通信设备。有些客船还设置减摇装置以改善航行环境。客船上房舱的布置应合理、舒适、美观,具有良好的通风、采光、照明、空调设施和卫生设备,并为旅客提供宽敞的游步甲板和休息、文化娱乐、体育活动场所等(图3-8)。

图3-8 超豪华客船

3.2 海洋工程产品

海洋工程产品主要为海洋科学调查和海洋开发提供一切手段和设备。海洋工程的主要内容可分为资源开发技术和装备设施技术两大部分。主要用于资源开发(海底油气钻采、深海矿物采掘、海水资源利用、海洋渔捞、海洋能源等)、装备设施(海洋探测装备、潜水、海洋土木建筑、防污染等)。以下简要介绍钻井平台和储油船。

3.2.1 钻井平台

钻井平台用于海上钻井作业,是开发石油资源的海洋工程结构,具有高于水面或被托出水面,能避开波浪冲击的平台甲板。平台甲板多数为三角形或四边形,分上下两层,设有井架、钻机等钻井设备和钻管、泥浆泵等钻井器材,备有相应的工作场所、储藏部位和生活舱室等。现在应用最广泛的钻井平台主要有半潜式(图3-9)和自升式(图3-10)。总的发展趋势是由固定式发展到移动式,作业水深由浅水到深水,离岸作业距离由近而远,经受风浪能力由小到大。

图3-9 半潜式钻井平台

图3-10 自升式钻井平台

1. 半潜式钻井平台

半潜式钻井平台由平台本体、立柱和下体或浮箱组成。此外,在下体之间、立柱之间、立柱与平台本体之间有一些支承连接,工作时下体或浮箱潜入水中。在深水区作业时,需依靠定位设备,一般为锚泊定位系统。新发展的动力定位技术用于半潜式平台后,最大作业水深可达3000米。半潜式与自升式钻井平台相比,优点是工作水深大,移动灵活;缺点是投资大,维持费用高,需有一套复杂的水下器具,有效使用率低于自升式钻井平台。

2. 自升式钻井平台

自升式钻井平台由平台、桩腿和升降机构组成,平台能沿桩腿升降,无自航能力,一般用于浅海,通常其作业水深在150米左右。1953年美国建成第一座自升式钻井平台,这种平台对水深适应性强,工作稳定性良好,发展较快。工作时桩腿下放插入海底,平台被抬起到离开海面的安全工作高度,并对桩腿进行预压,以保证平台遇到风暴时桩腿不致下陷。完井后平台降到海面,拔出桩腿并全部提起,整个平台浮于海面,由拖轮拖到新的井位。

3.2.2 储油船

海上浮式生产储油船(简称FPSO)是集生产处理、储存外输及生活、动力供应于一体的海洋工程产品。同时它还具有高投资、高风险、高回报的特点。

海上浮式生产储油船俨然是一座"海上油气加工厂",它把来自油井的油气水等混合液经过加工处理成为合格的原油或天然气,成品原油储存在货油舱,到一定储量时经过外输系统输送到穿梭油轮。FPSO 系统作为海上油气生产设施,主要由系泊系统、载体系统、生产工艺系统及外输系统组成,涵盖了数十个子系统。具有抗风浪能力强、适应水深范围广、储/卸油能力大及可以转移、重复使用等优点,广泛适合于远离海岸的深海、浅海海域及边际油田的开发。其典型产品如大连船舶重工集团有限公司负责为中国海洋石油总公司建造的 15 万吨级"海洋石油 118"(图 3 – 11),该船于 2014 年 8 月提前交付使用,使之在中国南海投产的时间提前了两个月,原油日处理能力最高达到 56000 桶,服务寿命为 30 年。

图 3 – 11　海洋石油 118

FPSO 通常与钻油平台或海底采油系统组成一个完整的采油、原油处理、储油和卸油系统,其作业原理是通过海底输油管线接收从海底油井中采出的原油,并在船上进行处理,然后储存在货油舱内,最后通过卸载系统输往穿梭油轮。

随着世界各国石油需求量的增长,新一代的 FPSO 技术在不断涌现。例如,一种集可长时间大量储存、运输、生活与一体的多功能船舶 FSO;将油气钻井设备并入 FPSO,集开采、生产加工、运输与一体的 FDPSO;用于天然气运输、加工、储存的浮式船舶 FSRU 等,这些都是海洋石油开发中非常重要,也是较具应用前景的装备。

3.3　工程船

工程船是用于近岸海区及江河湖泊水域工程施工的船只。如用于筑港的起重船、打桩船、管柱施工船、水下基础整平船、多用途作业平台、钻探船、爆破钻孔船、混凝土搅拌船、潜水工作艇、抛石驳和抛沙驳等;用于疏浚的耙吸式、绞吸式、链斗式、抓斗式挖泥船,铲石船,泥驳和石驳等。工程船的主要作业内容是修建军港、商港、助航设施、补给设施、水下试验场和水下工事,疏浚港池、航道和锚地,设置或排除水中障碍物(图 3 – 12 ~ 图 3 – 14)。

图 3-12 挖泥船

图 3-13 工程船

图 3-14 起重船

3.4 高性能船舶

高性能船舶是为突破常规船舶性能和适应特殊环境要求而开发的,具有某些特殊性能的船舶。它们具有高航速、浅吃水、耐波性、两栖性或兼而有之的特性。这些船舶多为短程高速小型船舶,主要用于内河和沿海客运、交通、观光、游览和救生等。

按作用原理和特性,主要分为气垫船、水翼船、滑行艇、高速单体船、双体船(图3–15)、冲翼艇、飞翼艇等。其中气垫船(图3–16),又分为全垫升式和侧壁式,它们与冲翼艇和飞翼艇同为空气静(动)力支撑船;水翼船又分为割划式水翼船和全浸式水翼船,它们与滑行艇同为水动力支撑;双体船又分为高速双体船和小水线面双体船,它们与单体高速船同为水静力支撑等,其他类型在此就不一一列举了。

图3–15　太阳能动力双体船

图3–16　高速气垫船

第 4 章 船舶动力装置

船舶动力装置是为保证船舶正常营运而设置的,它为船舶提供各种能量以保证船舶的正常航行和人员的正常生活。它是完成各种作业的动力设备,是保证船上各种能量产生、传递与消耗的机械设备,是船舶的一个重要组成部分。

船舶动力装置通常包括三部分:主动力装置、辅助动力装置、其他辅机和设备。

4.1 船舶主动力装置

船舶主动力装置又称为推进动力装置,是提供推进动力,保证船舶以一定速度运行的机械设备。主动力装置通常包括遥控操作台、主机、传动装置、轴系、推进器以及为这些推进设备服务的辅助设备、管系和仪表等(图4-1),它是全船的心脏。

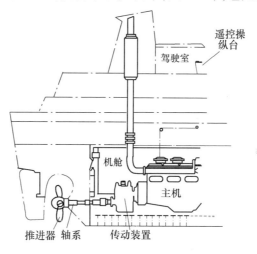

图 4-1 船舶主动力装置

4.1.1 主机

主机是为船舶航行提供主要动力的机械设备。以主机类型命名,主要有汽轮机、柴油机、联合动力装置和核动力装置等。

1. 汽轮机

汽轮机动力装置主要由锅炉、蒸汽机、冷凝器、轴系、管系及其他机械设备组成。
汽轮机动力装置的特点是单机功率大、振动和噪声小、维修费用低,但热效率较柴油机装置低且设备多,主要用于大型军舰。采用再热循环和沸腾炉以降低燃料消耗率,使用煤或混合燃料等是汽轮机动力装置的发展方向。

2. 柴油机

柴油机作为一种动力机械,在各类船舶上被广泛的应用于主机和发动机的原动机。柴油机是一种压缩发火的往复式内燃机,采用挥发性较差的柴油或燃料油,在缸内混合成可燃气体燃烧做功,具有非常高的热效率。

柴油机类型较多:按照工作循环方式分为四冲程和二冲程;按照进气方式分为增压式和非增压式;按照结构特点分为管状活塞式和十字头式;按照气缸的数目分为单缸和多缸。

3. 联合动力装置

联合动力装置有三种形式:蒸—燃并列联合装置、柴—燃联合装置、燃—燃联合装置(或称全燃联合装置)。

燃气轮机的热效率低于柴油机,而且对燃油品质要求较高,因而在民用船舶上尚未普及。为了提高动力装置的经济性,工业发达国家已着手研究燃气轮机排气的余热利用,称之为燃—蒸联合循环装置(COGAS)。燃气轮机动力装置的发展方向是提高单机功率、热效率和使用寿命,改善低负荷性能,使用低质液体燃料、燃气和天然气。

4. 核动力装置

核动力装置是利用原子核的裂变能通过工作介质(蒸汽或燃气)推动汽轮机或燃气轮机以带动螺旋桨的一种动力装置。现有的核动力舰艇或民用船舶几乎全是压力水型的反应堆。

核动力装置的特点是核燃料的消耗很少,续航力很大,这对远航军舰和破冰船是很有利的。此外,它不需要空气助燃,发动机无需进气和排气,能为潜艇提供在水下长期航行的可能,同时大大提高潜艇的隐蔽性和水下作战能力。它的缺点是必须备有质量和尺寸较大的防护屏装置和一整套安全防护设施,而且造价昂贵,操纵管理技术复杂,换料和核废物处理等都很麻烦,所以主要是在潜艇和大型水面舰上应用,而在民用船舶中尚难以推广。

4.1.2 轴系

船舶轴系是船舶动力装置中的重要组成部分,承担着将主机发出的功率传递给螺旋桨,再将螺旋桨产生的轴向推力传递给船体实现推船航行的目的。

船舶轴系是从主机输出端法兰起至螺旋桨轴为止,连接主机和螺旋桨。对于直接传动的推进系统,包括传递功率的传动轴及其轴承等零部件,主要有推力轴和推力轴承、中间轴和中间轴承、尾轴和尾管轴承、螺旋桨轴及其他附件等;对于间接传动的推进系统,除有上述传动轴和轴承外,还有离合器、弹性联轴器和减速齿轮箱等部件。

船舶轴系的结构较为简单,但作用十分重大,维护管理好轴系,对保证船舶的安全航行至关重要。

1. 船舶轴系的种类

根据船舶类型、用途和动力装置等的不同,船舶轴系的数目、布置和结构也不同。对于民用船舶来说,有单轴系和双轴系之分;对于军用舰船来说,除单轴系、双轴系外,还有多轴系。

1)单轴系

单轴系轴线布置于船体的纵舯剖面上,并平行于船体基线。单轴系的长度主要由中间轴数目来定,而中间轴的数目则取决于机舱位置。中机舱型的船舶轴系含有的中间轴数量多,轴系长。

单轴系的特点是直接传动、结构简单可靠、传动损失小,便于操纵。单轴系多用于大型海船、拖轮及内河中小型船舶,如油船、集装箱船及散货船等。

2)双轴系

双轴系是将两个轴系分别平行对称布置在船体纵中剖面的两侧,相对船体基线略有倾斜,保证螺旋桨充分没入水中。

双轴系船舶具有高速、机动性好和生命力强的特点。但双轴系结构复杂、配套设备多,如双轴系为双机双桨,建造和修理工作量大、费用高,一般多用于客船和军用舰船。

2. 轴系的组成

轴系的组成主要包括以下几部分,如图4-2所示。

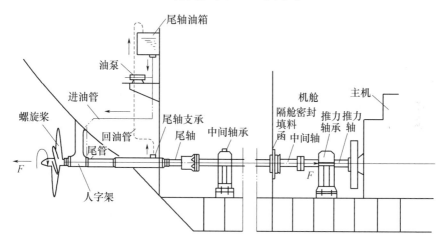

图4-2 轴系的组成

(1)用来传递主机功率的传动轴,包括中间轴、推力轴、尾轴和/或螺旋桨轴。

(2)支撑传动轴的轴承,中间轴承、推力轴承及尾管内的尾轴承。

(3)轴系附件,主要包括用于连接传动轴的联轴器;联轴器外缘上安装的制动器;用于防漏的隔舱密封填料函、尾管密封装置;给中间轴、推力轴承、尾管轴承润滑与冷却的管路等。

船舶轴系的组成,参见图 4-2 所示。

3. 轴系的布置

轴系的中心线称为轴线,在船宽的方向,单轴的轴线在船舶中线面上;双轴的轴线一般与中线面平行,个别情况下,由于机、桨布置的需要,为了使螺旋桨的桨叶叶梢离开船的外板一定距离,可以使轴线与中线面成 0°~±3°的小倾角;三轴的轴线,其中一根在中线面上,另两根对称地布置在两侧。

在船深方向,轴线的高度要与主机和螺旋桨的高度和位置相适应。轴线最理想的布置应与船体基线平行。一般为了保证螺旋桨埋在水下一定深度,轴线可向尾部纵向下倾一定角度,一般为 0°~5°。

4. 传动形式

在船舶主机和螺旋桨之间,除了轴系以外,有时还装有其他传动设备,组合成不同的动力装置传动形式,以满足不同航区、不同船舶的要求,这些传动形式有直接传动、间接传动和电力传动等。

1) 直接传动

直接传动,即主机发出功率直接通过轴系传递给螺旋桨。

特点:结构简单,维护管理方便,经济性好,传动损失少,传动效率高。适用于远洋和近海货船、油船。

2) 间接传动

主机和螺旋桨之间,依靠轴系以及离合器、减速器等中间环节传动。

特点:优点是主机不需换向,且转速不受螺旋桨要求低转速的限制;主机结构简单,工作可靠,管理方便,机动性好,轴系的布置自由,利于多机并车运行,也利于设备轴带发动机;缺点是轴系结构简单,传动效率低。适用于冰区航行船舶和内河航行船舶。

3) 电力传动

用电动机将电能变为机械能,以驱动机器工作的传动,即利用发电机产生的电能,供给电动机带螺旋桨旋转产生推力。

特点:电力传动所需的电能易于传输和集中生产,便于远距离自动控制,操作性能好且反应迅速。

4.2 船舶辅助动力装置

船舶辅助动力装置是指为船舶的正常运行、作业、生活杂用和其他需要提供各种能量的成套动力设备。

一般包括船舶甲板机械、机舱自动化设备、船舶电站等,以及供应其他能源的辅助装置和系统等。

4.2.1 机舱自动化设备

机舱自动化设备是指对机舱区域内的各种动力装置实现自动检测、报警和控制的系统。主要包括对主机、辅机和有关机械设备等的远距离控制、调节、检测和报警。它的配置特性,取决于各独立系统的要求,一般在船东的技术规格书或船级社的规范中有明确规定。

4.2.2 船舶甲板机械

船舶甲板机械是装在船舶甲板上的机械设备,是为了保证船舶的航向、停泊及装卸货物所需要的机械设备,主要包括操舵机械设备、绞缆机械设备、起锚机械设备和起重机械设备等。其作用是未来保证船舶的正常航行及船舶停靠码头、装卸货物、上下旅客等。

4.2.3 电站

船舶电站是船上重要的辅助动力装置,供给辅助机械及全船所需电力。它是船舶电力系统的重要组成部分,是产生连续供应全船电能的设备。

船舶电站由原动机、发电机和附属设备(组合成发电机组)及配电板等组成,如图4-3所示,电站向全船的用电设备提供电能。

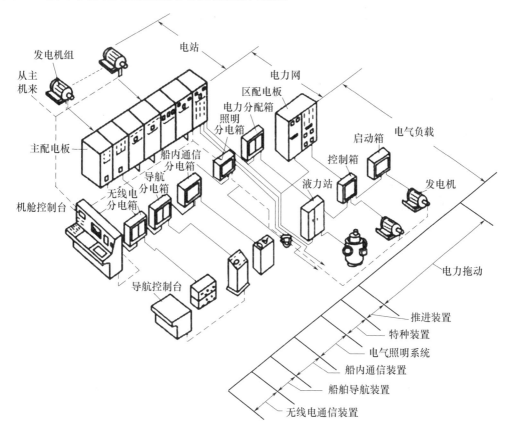

图4-3 船舶电气系统示意图

4.3 其他辅机和设备

船舶辅助机械和设备简称船舶辅机,包括船舶管路与附件、分油机、船舶造水装置、空气压缩机、船舶辅助锅炉、船用泵、船舶制冷与空气调节、锚机、起货机、船舶舵机等。

4.3.1 管路系统

管路系统是用来连接各种机械设备,并传递油、水、气等工作介质的密封管子集成组件,主要包括动力管路、船舶系统管路两大类。其中,动力管路是为船舶的主机、辅机服务的各种管路,包含燃油、润滑油、冷却水、压缩空气、排气等管路;船舶系统管路是为提高船舶的抗沉性、稳性以及满足船上人员正常生活需要的各种管路,包含供水系统、消防系统、压缩空气系统等。

4.3.2 副锅炉装置

副锅炉装置又称为辅助锅炉装置,用于产生低压蒸汽,满足加热、取暖和生活需要。它由副锅炉及为它服务的燃油、供水、送气、鼓风的设备和管路所组成。在蒸汽机船和汽轮机船上供停泊时使用,在柴油机船上供平时取暖和加热使用。柴油机船上的副锅炉的燃料可以是燃油,也可以利用柴油机排出的废气所产生的蒸汽。除发电机组和副锅炉外,由于现代船上液压机械设备的驱动需要,还设有液压动力装置,其主要部件为液压油泵,可以用电动机或单独的柴油机驱动。

4.3.3 船用泵

船用泵是船上用来提高液体机械能的设备。泵的工作原理是将原动机的机械能转化为液体的势能(主要是压力能),同时为船舶系统中的液体提供动力。

按照结构形式船用泵主要分为容积式泵(包括活塞泵、齿轮泵、螺杆泵、叶片泵)、叶轮式泵(包括离心泵、漩涡泵等)、喷射泵等。下面介绍几种典型船用泵:活塞泵、回转泵和离心泵。

1. 活塞泵

活塞泵又称为往复泵,从结构分为单缸和多缸,其特点是扬程较高,适用于输送常温无固体颗粒的油乳化液等,常用的有蒸汽活塞泵和电动机活塞泵。

活塞泵的工作原理:在活塞往复运动的过程中,当活塞向外运动时,出口排出阀(止回阀)在自重和压差作用下关闭,进口吸入阀(止回阀)在压差的作用下打开,将液体吸入泵腔;当活塞向内开压时,泵腔内压力升高,使进口吸入阀关闭,出口排出阀开启,将液体压入出口管道。如此反复,便将液体不断地通过进口吸入,然后通过排出阀排至需要的场所,如图4-4所示。

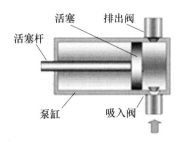

图 4-4 活塞泵的工作原理示意图

2. 回转泵

回转泵又称为旋转泵,是转子在泵体内旋转的泵。回转泵具有结构简单紧凑,操作可靠,管理和使用方便等特点,且因其转速较高,可与电动机直接连接,其最大的特点是没有吸入阀和排出阀。

3. 离心泵

离心泵是利用叶轮旋转而使水发生离心运动的原理来工作的。离心泵具有流量大而均匀、结构简单和工作可靠等优点,但其工作排压较低。离心泵在船上主要用于冷却、消防、压载和卫生水泵,其排压低而排量大。

第5章 船舶材料

船舶材料可分为金属材料、非金属材料和其他材料三大类。

5.1 金属材料

金属材料是最重要的、用量最大的船用材料,它包括钢铁材料和有色金属材料。其中,钢铁材料包含碳素钢和合金钢两大类。钢铁材料以外的所有金属均称为有色金属。其中铝、铜及其合金在造船中的应用最为广泛,钛及其合金也是大有发展前途的一种有色金属。

5.1.1 碳素钢

仅含有一定量的、为脱氧而加入的 Si(硅)、Mn(锰),而不含其他元素的钢称为碳素钢。按其 S(硫)、P(磷)含量的不同,可分为普通碳素钢和优质碳素钢及船用碳素钢。

S 的质量分数≤0.50%、P 的质量分数≤0.6% 的称为普通碳素钢;在冶炼时采用一定的工艺措施,除去有害杂质及气体,使 S、P 质量分数≤0.35%,且脱氧程度更安全的称为优质碳素钢;C 的质量分数≤0.22% 的低碳碳素钢,称为船用碳素钢。

1. 普通碳素钢

钢的牌号由代表屈服强度的字母、屈服强度数值、质量等级符号、脱氧方法符号四部分按顺序组成,如 Q235AF(见 GB/T 700—2006《碳素结构钢》)。牌号中的符号含义如下:

Q——钢材屈服强度"屈"字汉语拼音首位字母;

235——屈服强度数值(MPa);

A,B,C,D——分别为质量等级;

F——沸腾钢的"沸"字汉语拼音首位字母;

Z——镇静钢的"镇"字汉语拼音首位字母;

TZ——特殊镇静钢的"特镇"两字汉语拼音首位字母。

在牌号组成表示方法中,"Z"与"TZ"可省略。

钢的牌号与化学成分(熔炼分析)见表 5-1,力学性能见表 5-2 和表 5-3。

表5-1 钢的牌号与化学成分(熔炼分析)(GB/T 700—2006)

牌号	统一数字代号[①]	等级	厚度(或直径)/mm	脱氧方法	化学成分(质量分数)/(%),不大于				
					C	Si	Mn	P	S
Q195	U11952	—	—	F、Z	0.12	0.30	0.50	0.035	0.040
Q215	U12152	A	—	F、Z	0.15	0.35	1.20	0.045	0.050
	U12155	B							0.045
Q235	U12352	A		F、Z	0.22	0.35	1.40	0.045	0.050
	U12355	B	—		0.20[②]				0.045
	U12358	C		Z	0.17			0.040	0.040
	U12359	D		TZ				0.035	0.035
Q275	U12752	A	—	F、Z	0.24	0.35	1.50	0.045	0.050
	U12755	B	≤40	Z	0.21			0.045	0.045
			>40		0.22				
	U12758	C	—	Z	0.20			0.040	0.040
	U12759	D		TZ				0.035	0.035

① 表中为镇静钢、特殊镇静钢牌号的统一数字,沸腾钢牌号的统一数字代号如下:
Q195F—U11950;Q215AF—U12150;Q215BF—U12153;Q235AF—U12350;Q235BF—U12353;Q275AF—U12750;
② 经需方同意,Q235B中碳的质量分数可不大于0.22%

表5-2 钢的力学性能(GB/T 700—2006)

牌号	等级	屈服强度[①] R_{eH}/(N/mm²),不小于						抗拉强度[②] R_m/(N/mm²)	断后伸长率 A/(%),不小于					冲击试验(V形缺口)	
		厚度(或直径)/mm							厚度(或直径)/mm					温度/℃	冲击吸收功(纵向)/J,不小于
		≤16	>16~40	>40~60	>60~100	>100~150	>150~200		≤40	>40~60	>60~100	>100~150	>150~200		
Q195	—	195	185	—	—	—	—	315~430	33						
Q215	A	215	205	195	185	175	165	335~450	31	30	29	27	25	—	—
	B													+20	27
Q235	A	235	225	215	215	195	185	370~500	26	25	24	22	21	—	—
	B													+20	27
	C													0	
	D													-20	

(续)

牌号	等级	屈服强度① R_{eH}/(N/mm²)，不小于						抗拉强度② R_m/(N/mm²)	断后伸长率 A/(%)，不小于					冲击试验（V形缺口）	
		厚度（或直径）/mm							厚度（或直径）/mm					温度/℃	冲击吸收功（纵向）/J，不小于
		≤16	>16~40	>40~60	>60~100	>100~150	>150~200		≤40	>40~60	>60~100	>100~150	>150~200		
Q275	A	275	265	255	245	225	215	410~540	22	21	20	18	17	—	—
	B													+20	27
	C													0	
	D													-20	

① Q195的屈服强度值仅供参考，不作交货条件；
② 厚度大于100mm的钢材，抗拉强度下限允许降低20N/mm²，宽带钢（包括剪切钢板）抗拉强度上限不作交货条件；
③ 厚度小于25mm的Q235B级钢材，如供方能保证冲击吸收功值合格，经需方同意，可不做检验

表5-3 钢的力学性能（GB/T 700—2006）

牌号	试样方向	冷弯试验180° $B=2a$①	
		钢材厚度（或直径）②/mm	
		≤60	>60~100
		弯心直径 d	
Q195	纵	0	—
	横	0.5a	
Q215	纵	0.5a	1.5a
	横	a	2a
Q235	纵	a	2a
	横	1.5a	2.5a
Q275	纵	1.5a	2.5a
	横	2a	3a

① B 为试样宽度，a 为试样厚度（或直径）；
② 钢材厚度（或直径）大于100mm时，弯曲试验由双方协商确定

根据船体结构的特点，普通碳素钢在船舶工业上主要用于制造内河船的壳板、肋骨、纵梁、横梁、栏杆等，还可以用于制造港口船和沿海船及远洋船的上层建筑等次要结构件。CCS《内河船舶入级规则》和《钢质海船入级规范》，规定船体结构用钢的化学成分和力学性能应符合CCS《材料与焊接规范》第1篇第3章的规定；船用钢材的

第 5 章 船舶材料

制造和试验应符合 CCS《材料与焊接规范》第 1 篇第 1 章及第 2 章的有关规定;尾柱、舵柱、尾轴架、舵杆及其他结构的锻钢件、铸钢件应符合 CCS《材料与焊接规范》第 1 篇第 5 章和第 6 章的规定。

2. 优质碳素钢

优质碳素钢中硫、磷和其他有害杂质含量较低,既要保证化学成分,又要保证力学性能。由于它在冶炼时,脱氧比较完全,通常都是镇静钢,因此韧性、塑性好。

优质碳素结构按冶金质量分为优质钢(S、P 的质量分数≤0.035%)、高级优质钢(钢号后加"A",S、P 的质量分数≤0.030%)、特级优质钢(钢号后加"E",S 的质量分数≤0.020%、P 的质量分数≤0.025%);按钢中碳含量分为低碳钢(C 的质量分数≤0.25%)、中碳钢(C 的质量分数为 0.30% ~ 0.60%)、高碳钢(C 的质量分数 > 0.60%)。

低碳钢的强度低,塑性、韧性高,加工性能及焊接性能好,用于制造承载较小、要求韧性高的零件。如 08F、08、08Al 是常用的冲压用钢。常用于冲制搪瓷制品、汽车外壳等;15、20、20Mn 等是常用的渗碳钢,用于制造对心部强度要求不高的渗碳零件,如受力不大的小轴、螺栓、铆钉等。

中碳钢的强度、硬度适中,塑性、韧性稍低,冷热变形能力和切削性能良好,焊接性能较差,经调质处理后有较高的综合力学性能。常用调质钢为 40、45、50 钢。但由于碳素钢的淬透性不高,零件尺寸愈大,调质处理的强化效果愈差,因此只有中小型零件采用调质处理才能获得较好的效果,大型零件常采用正火或正火加高温回火处理。当零件要求有较高的耐磨性时,可在调质或正火加高温回火后进行表面淬火和低温回火。常用于制造截面尺寸不大的轴类、杆类等零件。

高碳钢有较高的强度、硬度、弹性和耐磨性,常用于制造弹簧和受磨损的零件。

优质碳素钢牌号(见 GB/T 699—1999《优质碳素结构钢》)用两位数字表示,数字表示钢中平均碳的质量分数的万分之几。如 45 钢,表示平均 $w_C = 0.45\%$;08 钢表示钢中平均 $w_C = 0.08\%$。含锰较高的一组,在其牌号数字后加"Mn";若是沸腾钢,则在牌号末尾加"F"。

优质碳素钢的化学成分及力学性能见表 5 - 4。

3. 船用碳素钢

中国船级社所颁布的《材料与焊接规范》(以下简称为《规范》)将船用碳素钢称为"一般强度船体结构用钢"。为适应建造出口船舶的需要,参照世界主要造船国家的经验和标推,《规范》将一般强度船体结构用钢分为 A、B、D、E 四个等级,表 5 - 5 ~ 表 5 - 7 分别是一般强度船体结构用钢各等级的化学成分、供应状态和力学性能。

表 5-4 优质碳素钢的化学成分及力学性能（GB/T 699—1999）

钢组	统一数字代号	牌号	化学成分/(%)							力学性能					交货状态硬度 HBS10/3000 不大于	
			C	Si	Mn	S	P	Cr	Ni	Cu	σ_b/MPa	σ_s/MPa	δ_5/(%)	ψ/(%)	A_{ku2}/(J/cm²)	未热处理钢	退火钢
						不大于							不小于				
普通含锰量钢	U20080	08F	0.05~0.11	≤0.03	0.25~0.50	0.035	0.035	0.10	0.30	0.25	295	175	35	60		131	
	U20100	10F	0.07~0.13	≤0.07	0.25~0.50	0.035	0.035	0.15	0.30	0.25	315	185	33	55		137	
	U20150	15F	0.12~0.18	≤0.07	0.25~0.50	0.035	0.035	0.25	0.30	0.25	355	205	29	55		143	
	U20082	08	0.05~0.11	0.17~0.37	0.35~0.65	0.035	0.035	0.10	0.30	0.25	325	195	33	60		131	
	U20102	10	0.07~0.13	0.17~0.37	0.35~0.65	0.035	0.035	0.15	0.30	0.25	335	205	31	55		137	
	U20152	15	0.12~0.18	0.17~0.37	0.35~0.65	0.035	0.035	0.25	0.30	0.25	375	225	27	55		143	
	U20202	20	0.17~0.23	0.17~0.37	0.35~0.65	0.035	0.035	0.25	0.30	0.25	410	245	25	55		156	
	U20252	25	0.22~0.29	0.17~0.37	0.50~0.80	0.035	0.035	0.25	0.30	0.25	450	275	23	50	71	170	
	U20302	30	0.27~0.34	0.17~0.37	0.50~0.80	0.035	0.035	0.25	0.30	0.25	490	295	21	50	63	179	
	U20352	35	0.32~0.39	0.17~0.37	0.50~0.80	0.035	0.035	0.25	0.30	0.25	530	315	20	45	55	197	
	U20402	40	0.37~0.44	0.17~0.37	0.50~0.80	0.035	0.035	0.25	0.30	0.25	570	335	19	45	47	217	187
	U20452	45	0.42~0.50	0.17~0.37	0.50~0.80	0.035	0.035	0.25	0.30	0.25	600	355	16	40	39	229	197
	U20502	50	0.47~0.55	0.17~0.37	0.50~0.80	0.035	0.035	0.25	0.30	0.25	630	375	14	40	31	241	207
	U20552	55	0.52~0.60	0.17~0.37	0.50~0.80	0.035	0.035	0.25	0.30	0.25	645	380	13	35		255	217
	U20602	60	0.57~0.65	0.17~0.37	0.50~0.80	0.035	0.035	0.25	0.30	0.25	675	400	12	35		255	229
	U20652	65	0.62~0.70	0.17~0.37	0.50~0.80	0.035	0.035	0.25	0.30	0.25	695	410	10	30		255	229
	U20702	70	0.67~0.75	0.17~0.37	0.50~0.80	0.035	0.035	0.25	0.30	0.25	715	420	9	30		269	229
	U20752	75	0.72~0.80	0.17~0.37	0.50~0.80	0.035	0.035	0.25	0.30	0.25	1080	880	7	30		285	241
	U20802	80	0.77~0.85	0.17~0.37	0.50~0.80	0.035	0.035	0.25	0.30	0.25	1080	930	6	30		285	241
	U20852	85	0.82~0.90	0.17~0.37	0.50~0.80	0.035	0.035	0.25	0.30	0.25	1130	980	6	30		302	255

第5章 船舶材料

(续)

钢组	统一数字代号	牌号	化学成分/(%)								力学性能					交货状态硬度 HBS10/3000	
			C	Si	Mn	S	P	Cr	Ni	Cu	σ_b/MPa	σ_s/MPa	δ_5/(%)	ψ/(%)	A_{ku2}/(J/cm^2)	未热处理钢	退火钢
						不大于					不小于					不大于	
较高含锰量钢	U21152	15Mn	0.12~0.18	0.17~0.37	0.70~1.00	0.035	0.035	0.25	0.30	0.25	410	245	26	55		163	
	U21202	20Mn	0.17~0.23	0.17~0.37	0.70~1.00	0.035	0.035	0.25	0.30	0.25	450	275	24	50		197	
	U21252	25Mn	0.22~0.29	0.17~0.37	0.70~1.00	0.035	0.035	0.25	0.30	0.25	490	295	22	50	71	207	
	U21302	30Mn	0.27~0.34	0.17~0.37	0.70~1.00	0.035	0.035	0.25	0.30	0.25	540	315	20	45	63	217	187
	U21352	35Mn	0.32~0.39	0.17~0.37	0.70~1.00	0.035	0.035	0.25	0.30	0.25	560	335	18	45	55	229	197
	U21402	40Mn	0.37~0.44	0.17~0.37	0.70~1.00	0.035	0.035	0.25	0.30	0.25	590	355	17	45	47	229	207
	U21452	45Mn	0.42~0.50	0.17~0.37	0.70~1.00	0.035	0.035	0.25	0.30	0.25	620	375	15	40	39	241	217
	U21502	50Mn	0.48~0.56	0.17~0.37	0.70~1.00	0.035	0.035	0.25	0.30	0.25	645	390	13	40	31	255	217
	U21602	60Mn	0.57~0.65	0.17~0.37	0.70~1.00	0.035	0.035	0.25	0.30	0.25	695	410	11	35		269	229
	U21652	65Mn	0.62~0.70	0.17~0.37	0.90~1.20	0.035	0.035	0.25	0.30	0.25	735	430	9	30		285	229
	U21702	70Mn	0.67~0.75	0.17~0.37	0.90~1.20	0.035	0.035	0.25	0.30	0.25	785	450	8	30		285	229

表 5–5　船用碳素钢号和化学成分（GB 712—2011）

钢号	化学成分/(%)								
	C	Si	Mn	P	S	Cu	Cr	Ni	Als
A	≤0.21	≤0.50	≥0.50	≤0.035	≤0.035	≤0.35	≤0.30	≤0.30	—
B	≤0.21	≤0.50	≥0.80	≤0.035	≤0.035	≤0.35	≤0.30	≤0.30	—
D	≤0.18	≤0.35	≥0.60	≤0.030	≤0.030	≤0.35	≤0.30	≤0.30	≥0.015
E	≤0.18	≤0.35	≥0.70	≤0.025	≤0.025	≤0.35	≤0.30	≤0.30	≥0.015

表 5–6　一般强度船体结构用钢的供应状态（GB 712—2011）

等级与厚度	供应状态
A（所有厚度）	热轧、正火或控制轧翻
B（所有厚度）	热轧、正火或控制轧翻
D（厚度≤35mm）	热轧、正火或控制轧翻
D（厚度>35mm）	正火①②
E（所有厚度）	正火②

① 经船级杜同意，可用控制轧制代替正火，但冲击试验应按规范规定取样；
② 对控制轧制的型钢，可不必正火，但冲击试验应按规范规定取样

表 5–7　一般强度船体结构用钢的力学性能（GB 712—2011）

等级	拉伸试验			V 形冲击试验					
	上屈服强度 R_{eH},不小于 /MPa	抗拉强度 R_m/(MPa)	伸长率 A/(%)	试验温度 /℃	以下厚度(mm)冲击吸收能量 kV_2/J				
					≤50		>50~70		>70~150
					纵向	横向	纵向	横向	纵向	横向
					不小于					
A①	235	400~520	≥22	20	—	—	34	24	41	27
B②	235	400~520	≥22	0②	27	20	34	24	41	27
D	235	400~520	≥22	−20	27	20	34	24	41	27
E	235	400~520	≥22	−40	27	20	34	24	41	27

① 冲击试验取纵向试样，但供方应保证横向冲击性能；型钢不进行横向冲击试验；厚度大于 50mm 的 A 级钢，经细化晶粒处理并以正火状态交货时，可不做冲击试验；
② 当屈服不明显时，可测量 $R_{P0.2}$ 代替上屈服强度

5.1.2　合金钢

合金钢包含普通低合金高强结构钢、舰艇结构用低合金高强结构钢和高强度船体结构用钢。

1. 普通低合金高强结构钢

普通低合金高强结构钢钢符合 GB/T 1591—2008《低合金高强度结构钢》，合金元素含量总量在 5% 以下。钢的牌号及化学成分（熔炼分析）符合表 5–8 规定，拉伸性能符合表 5–9 规定。

第 5 章 船 舶 材 料

表 5-8 低合金高强结构钢的牌号及化学成分（熔炼分析）（GB/T 1591—2008）

牌号	质量等级	化学成分/(%)													
		C	Si	Mn	P	S	Nb	V	Ti	Cr	Ni	Cu	N	Mo	B	Als
										不大于						不小于
Q345	A	≤0.20	≤0.50	≤1.70	0.035	0.035										—
	B				0.035	0.035										—
	C				0.030	0.030	0.07	0.15	0.20	0.30	0.50	0.30	0.012	0.10	—	0.015
	D				0.030	0.025										0.015
	E	≤0.18			0.025	0.020										0.015
Q390	A	≤0.20	≤0.50	≤1.70	0.035	0.035										—
	B				0.035	0.035										—
	C				0.030	0.030	0.07	0.20	0.20	0.30	0.50	0.30	0.015	0.10	—	0.015
	D				0.030	0.025										0.015
	E				0.025	0.020										0.015
Q420	A	≤0.20	≤0.50	≤1.70	0.035	0.035										—
	B				0.035	0.035										—
	C				0.030	0.030	0.07	0.20	0.20	0.30	0.80	0.30	0.015	0.20	—	0.015
	D				0.030	0.025										0.015
	E				0.025	0.020										0.015

(续)

牌号	质量等级	化学成分(%)														
		C	Si	Mn	P	S	Nb	V	Ti	Cr	Ni	Cu	N	Mo	B	Als
										不大于						不小于
Q460	C	≤0.20	≤0.60	≤1.80	0.030	0.030	0.11	0.20	0.20	0.30	0.80	0.55	0.015	0.20	0.004	0.015
	D				0.030	0.025										
	E				0.025	0.020										
Q500	C	≤0.18	≤0.60	≤1.80	0.030	0.030	0.11	0.12	0.20	0.60	0.80	0.55	0.015	0.20	0.004	0.015
	D				0.030	0.025										
	E				0.025	0.020										
Q550	C	≤0.18	≤0.60	≤2.00	0.030	0.030	0.11	0.12	0.20	0.80	0.80	0.80	0.015	0.30	0.004	0.015
	D				0.030	0.025										
	E				0.025	0.020										
Q620	C	≤0.18	≤0.60	≤2.00	0.030	0.030	0.11	0.12	0.20	1.00	0.80	0.80	0.015	0.30	0.004	0.015
	D				0.030	0.025										
	E				0.025	0.020										
Q690	C	≤0.18	≤0.60	≤2.00	0.030	0.030	0.11	0.12	0.20	1.00	0.80	0.80	0.015	0.30	0.004	0.015
	D				0.030	0.025										
	E				0.025	0.020										

表 5-9 低合金高强结构钢的拉伸性能（GB/T 1591—2008）

牌号	质量等级	以下公称厚度（直径,边长）R_{eH}/MPa							以下公称厚度（直径,边长）R_m/MPa							断后伸长率 A/(%) 公称厚度（直径,边长）					
		≤16mm	>16~40mm	>40~63mm	>63~80mm	>80~100mm	>100~150mm	>150~200mm	>200~250mm	>250~400mm	≤40mm	>40~63mm	>63~80mm	>80~100mm	>100~150mm	>150~250mm	>250~400mm	≤40mm	>40~63mm	>63~100mm	>100~150mm	>150~250mm	>250~400mm
Q345	A	≥345	≥335	≥325	≥315	≥305	≥275	≥285	≥275	—	470~630	470~630	470~630	470~630	450~600	450~600	—	≥20	≥19	≥19	≥18	≥17	—
Q345	B																						
Q345	C																						
Q345	D																	450~600	≥21	≥20	≥20	≥19	≥18	≥17
Q345	E							≥265															
Q390	A	≥390	≥370	≥350	≥330	≥330	≥310	—	—	—	490~650	490~650	490~650	490~650	470~620	—	—	≥20	≥19	≥19	≥18	—	—
Q390	B																						
Q390	C																						
Q390	D																						
Q390	E																						
Q420	A	≥420	≥400	≥380	≥360	≥360	≥340	—	—	—	520~680	520~680	520~680	520~680	500~650	—	—	≥19	≥18	≥18	≥18	—	—
Q420	B																						
Q420	C																						
Q420	D																						
Q420	E																						

拉伸试验

(续)

牌号	质量等级	以下公称厚度(直径、边长) R_{eH}/MPa									拉伸试验 以下公称厚度(直径、边长) R_m/MPa							断后伸长率 A/(%) 公称厚度(直径、边长)			
		≤16mm	>16~40mm	>40~63mm	>63~80mm	>80~100mm	>100~150mm	>150~200mm	>200~250mm	>250~400mm	≤40mm	>40~63mm	>63~80mm	>80~100mm	>100~150mm	>150~250mm	>250~400mm	≤40mm	>40~63mm	>63~100mm	>100~150mm	>150~250mm
Q460	C	≥460	≥440	≥420	≥400	≥400	≥380	—	—	—	550~720	550~720	550~720	550~720	530~700	—	—	≥17	≥16	≥16	≥16	—
	D																					
	E																					
Q500	C	≥500	≥480	≥470	≥450	≥440	—	—	—	—	610~770	600~760	590~750	540~730				≥17				
	D																					
	E																					
Q550	C	≥550	≥530	≥520	≥500	≥490	—	—	—	—	607~770	620~810	600~790	590~780				≥16				
	D																					
	E																					
Q620	C	≥620	≥600	≥590	≥570	—	—	—	—	—	710~880	690~880	670~860					≥15				
	D																					
	E																					
Q690	C	≥690	≥670	≥660	≥640	—	—	—	—	—	770~940	750~920	730~900					≥14				
	D																					
	E																					

2. 舰艇结构用低合金高强结构钢

"90"系列低合金高强度钢是舰艇结构专用低合金高强度钢,目前已定型生产的钢种有901、902、903、904等,其中"901"用于水面舰艇,"902"用于潜艇。近几年已形成了"90"钢种系列,其中921,922,923等钢种为高Ni高Cr的高强度钢,调质供应,多用于制造大、小型潜艇的耐压壳体。

3. 高强度船体结构用钢

高强度船体结构用钢按其最小屈服强度划分为三个强度等级。每个强度等级又按其缺口冲击韧性的不同分为A、D、E、F四个级别(CCS《材料与焊接规范》),如AH32、DH32、EH32、FH32、AH36、DH36、EH36、FH36、AH40、DH40、EH40、FH40,其化学成分和力学性能见表5-10和表5-11。

表 5-10 高强度船体结构用钢化学成分

钢材等级		AH32、DH32、EH32、AH36、DH36、EH36、AH40、DH40、EH40	FH32、FH36、FH40
化学成分/(%)	C	≤0.18	≤0.16
	Si	≤0.50	≤0.50
	Mn	0.90~1.60	0.90~1.60
	S	≤0.035	≤0.025
	P	≤0.035	≤0.025
	Al	>0.015	≥0.015
	Nb	0.02~0.05	0.02~0.05
	V	0.05~0.10	0.05~0.10
	Ti	≤0.02	≤0.02
	Cu	≤0.35	≤0.35
	Cr	≤0.20	≤0.20
	Ni	≤0.40	≤0.80
	Mo	≤0.08	≤0.08
	N		≤0.09(如含Al时,≤0.012)

表 5-11 高强度船体结构用钢力学性能

钢材等级	上屈服强度 R_{eH}/MPa	抗拉强度 R_m/MPa	伸长率 A	试验温度/℃	平均冲击能量 J,不小于					
					厚度≤50		厚度>50~70		厚度>70~100	
					纵向	横向	纵向	横向	纵向	横向
AH32	315	440~570	22	0	31	22	38	26	46	31
DH32				-20						
EH32				-40						
FH32				-60						

(续)

钢材等级	上屈服强度 R_{eH}/MPa	抗拉强度 R_m/MPa	伸长率 A	试验温度/℃	平均冲击能量 J,不小于					
					厚度≤50		厚度>50~70		厚度>70~100	
					纵向	横向	纵向	横向	纵向	横向
AH36	355	490~630	21	0	34	24	41	27	50	34
DH36				-20						
EH36				-40						
FH36				-60						
AH40	390	510~660	20	0	39	26	46	31	55	37
DH40				-20						
EH40				-40						
FH40				-60						

5.1.3 船用有色金属

除了钢材,铝、铜、钛等有色金属的合金也广泛应用于船舶与海洋工程领域中的各个方面。

1. 铝及铝合金

船用铝合金符合 GB/T 22641—2008《船用铝合金板材》和 GB/T 6892—2006《一般工业用铝及铝合金挤压型材》规定。

防锈铝硬度低,塑性和耐蚀性好,焊接性较好,适用于生产冲压、焊接和在腐蚀条件下工作的零件和结构。其中,LF2 常用于制造船用主机的油管、油箱机座支架等,LF3 用于制造轻隔壁、转壁、散热器、管路及烟囱壳体等船舶焊接结构和零件;LF5 用于制造船壳板、构架、桅杆等;LF6 用于制造上层建筑、构架等。

硬铝可用作快艇的外板,以及受高负荷的船体结构零件。LY10 是铝质铆钉的专用材料,用于制造铝质快艇、民用船舶上层建筑及船体的铆接构件。

2. 铜及铜合金

船用铜及铜合金符合 GB/T 5231—2012《加工铜及铜合金牌号和化学成分》和 GB/T 1176—2013《铸造铜及铜合金》的规定。

民用船舶的中小型螺旋桨主要采用铸造锰铁黄铜(ZHMn65-3-1),大型螺旋桨和高速船螺旋桨则采用高强度铸造铝黄铜(ZHAl67-5.2-2)或高锰铝青铜(ZQAl12-8-3-2)。因为螺旋桨是推进船舶的重要部件,随着船舶建造向大型化和高速化发展,对制造螺旋桨的材料要求也更高。船用黄铜除上述特殊黄铜外,用得较多的普通黄铜代号为 H68 和 H62。H68 黄铜的铜含量为 67%~70%,其余为锌,它可通过加工硬化提高硬度,冷热变形能力好,主要用于不接触海水的零件,可制造各种导管、衬套、散热器外壳等。H62 黄铜的含铜量为 50.5%~63.5%,它适于热加工,价廉,用于不与海水蒸气接触的温度低于 200℃的工作零件,可制作舱面属具、淡水热交换器、螺钉、垫圈等。

3. 钛及钛合金

船用钛及钛合金符合 GB/T 3620.1—2007《钛及钛合金牌号和化学成分》和 GB/T 3621—2007《钛及钛合金板材》规定。

钛及钛合金具有良好的综合性能,比强度高,耐蚀性好,无磁性,它必将成为造船的重要材料之一。

钛合金在深潜器壳材料、高速、大型快艇和水翼艇的壳体材料有了较多的应用。此外,用钛合金制造螺旋桨、尾轴,对提高部件的寿命及推进效率也有很大的作用。

5.2 非金属材料

船用非金属材料是指橡胶材料。船用橡胶材料是指非石棉纤维增强橡胶,它是由非石棉纤维与橡胶复合而成的密封材料,符合 GB/T 22209—2008《船用垫片用非石棉纤维增强橡胶板》的规定。

5.3 其他材料

船用其他材料包含油漆、燃料油和润滑油等。

1. 油漆

船用油漆应符合 GB/T 6745—2008《船壳漆》、GB/T 6746—2008《船用油舱漆》、GB/T 6747—2008《船用车间底漆》、GB/T 6748—2008《船用防锈漆》等规定。

2. 燃料油

船用燃料油符合 SH/T 0356—1996《燃料油》规定。

3. 润滑油

船用润滑油主要包括船用气缸油、船用系统油、船用中速机油及其他小品种油。气缸油主要用于大型十字头低速柴油机活塞与气缸套之间的润滑,船用系统油主要用于大型十字头低速柴油机曲轴箱的润滑,船用中速机油用于船用中速筒状活塞柴油机的润滑,这三大类船用油占船用润滑油总量的 90%~95%。其他为小品种油,包括汽轮机油、液压油、冷冻机油、齿轮油、压缩机油、导轨油、尾轴管油等,约占 5%~10%。

第6章 船舶主尺度与性能

船舶的主尺度是表示船体外形大小的主要尺度,是计算船舶各种性能参数、衡量船舶大小、核收各种费用以及检查船舶通过运河、船闸等限制航道的依据。船舶性能广义上是指船舶各种性能的总和;狭义上指船舶静力性能和动力性能的概括。

6.1 船舶主尺度

船舶的大小可由船长、型宽、型深和吃水等主要尺度来度量,这些特征尺度统称为船舶主尺度。船舶的主尺度、船型系数及尺度比是表示船舶大小、形状、肥瘦程度的几何参数,这些参数对船舶的设计、建造、使用和性能分析计算起着决定性作用。

6.1.1 船体形状表示

1. 船体三个基本平面

船体外形可用投影到三个相互垂直的基本平面(设计水线面、中线面和中站面)来表示,这三个基本投影平面称为主坐标平面,如图 6-1 所示。

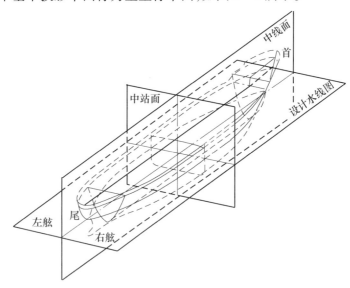

图 6-1 三个基本投影面

1）设计水线面

设计水线面是通过设计吃水线,将船体分为水上和水下两部分的水平面。

2）中线面

中线面又称为中纵剖面,它是将船体分为左右对称两部分的纵向垂直平面。

3）中站面

中站面又称为中横剖面,它是通过船舶垂线间长中点,将船体分为前体和后体两部分的横向垂直平面。

设计水线面、中线面和中站面是三个相互垂直的平面,它们在船体图中的作用相当于机械制图中的水平投影面 H、正投影面 V 和侧投影面 W。

基线面也是船体的一个重要平面,它是通过基线的水平面,平行于设计水线面。

2. 船体剖面及型线

船体剖面及型线图,仅取首部一段船体加以说明(图 6-2)。

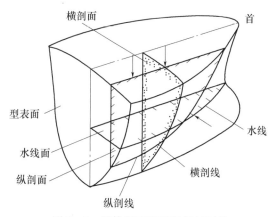

图 6-2 船体剖面及型级图(局部)

1）水线面和水线

用若干个水平面剖切船体,得到与船体型表面的交线称为水线,这些水平面称为水线面。

2）纵剖面和纵剖线

用平行于中线面的若干垂直面剖切船体,得到与船体型表面的交线称为纵剖线,这些垂直面称为纵剖面。

3）横剖面和横剖线

用平行于中站面的若干垂直面剖切船体,得到与船体型表面的交线称为横剖线,这些垂直面称为横剖面。

6.1.2 主尺度

船舶的主尺度主要包括船长、型宽、型深、吃水、干舷(图 6-3)。

1. 船长(L)

通常船长使用三种表示方式:总长(L_{OA})、设计水线长(L_{WL})、垂线间长(L_{BP})。

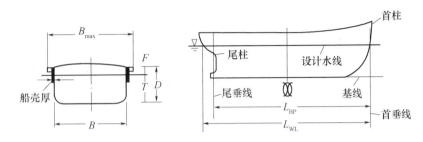

图 6-3 船舶的主尺度及其符号

(1) 总长(L_{OA})。总长是指船体型表面首尾两端点之间平行于设计水线的最大水平距离。

(2) 设计水线长(L_{WL})。设计水线长是指设计水线面上船体型表面首尾端点之间的水平距离。

(3) 垂线间长(L_{BP})。垂线间长是指首垂线和尾垂线之间的距离,又称两柱间长,首垂线是通过设计水线首部端点所作的垂线,尾垂线在有舵柱时为舵柱后缘,无舵柱时为舵杆中心线。

2. 型宽(B)

型宽是指船体型表面之间垂直于中线面的最大水平距离,一般指船长中央处的宽度;最大船宽(B_{max})是指包括一切固定结构物在内的船体最大宽度。

3. 型深(D)

型深通常指在中站面处,沿舷侧自龙骨线量至上甲板边线的垂直高度。

4. 吃水(T)

吃水通常指在中站面处,自龙骨线量至设计吃水的垂直高度。

5. 干舷(F)

干舷是指水线至上甲板边板上表面的垂直距离,通常有 $F = D - T$。

船舶的主尺度反映了船舶的大小,常标注在型线图、总布置图和中横剖面图等全船性的图样中。有些船舶的主尺度表中还列出一些其他项目,如首吃水、尾吃水、结构吃水、舭部半径、方型系数和排水量等,详略不一(表 6-1)。

表 6-1 船舶主尺度

项目	英文缩写	18 万吨散货船	6.9 万吨化学品/成品油船
		尺寸/m	
总长	L_{OA}	292.0	229.6
垂线间长	L_{BP}	286.5	224.0
型宽	B	45.0	34.2
型深	D	24.8	21.0
设计(型)吃水	T	16.5	13.5

6.1.3 主尺度比

船舶主尺度比是表示船体几何形状特征的重要参数,从船舶主尺度的比值可以看出船舶长短宽窄的形状特征,还可反映出船舶某些航行性能的好坏和船体结构的强弱。主尺度比主要有以下几种。

1. 长宽比(L/B)

长宽比一般是指垂线间长与型宽的比值。该比值大,船体瘦长,船舶快速性和航向稳定性好,但回转性差。

2. 型宽吃水比(B/T)

型宽吃水比一般是指型宽与型吃水的比值。该比值大,船体宽度大,船舶稳性好,但摇摆周期小,摇摆厉害,航行阻力大,不利于船上人员的生活和工作。

3. 长度吃水比(L/T)

长宽吃水比一般是指垂线间长与型吃水的比值。该比值大,航向稳定性好,但回转性和应舵性、操作灵活性差。

4. 型深吃水比(D/T)

型深吃水比一般是指型深与型吃水的比值。该比值大,干舷高,抗沉性好,但由于船舱容积大,重心高,故稳性差。

5. 长度型深比(L/D)

长度型深比一般是指垂线间长与型深的比值。该比值大,船体纵向强度弱,稳性差。

不同用途、不同类型的船舶由于对船舶性能的要求都不同,都有各自相应的主尺度比值。

6.1.4 船型系数

船型系数表示船舶水下部分的丰满程度,它是一个小于1的小数。因为主尺度和主尺度比值相同的船舶,其形状和航行性能还可能有较大的差异,船型系数能进一步表明船体水下部分的形状特征,它与船舶航行性能的关系更为密切。

常见的船型系数有面积系数和体积系数。

1. 面积系数

面积系数包括水线面系数和中剖面系数,如图6-4所示。

1) 水线面系数(C_{WP})

水线面系数是设计水线面面积A_{WL}与对应的设计水线长和设计水线宽的乘积(即矩形面积$L_{WL} \times B$)的比值 $C_{WP} = A_{WL}/(L_{WL} \times B)$。

对于民用船舶,船长常取垂线间长L_{BP},即 $C_{WP} = A_{WL}/(L_{BP} \times B)$,$C_{WP}$反映水面线的丰满程度,影响船舶的稳性和快速性。

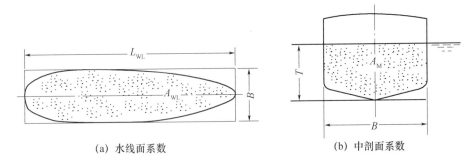

(a) 水线面系数　　　　　　(b) 中剖面系数

图 6-4　面积系灵符

2) 中剖面系数(C_M)

中剖面系数是中横剖面在设计水线下的型面积 A_M 与对应的设计水线宽和吃水乘积(即矩形面积 $B \times T$)的比值 $C_M = A_M/(B \times T)$。

C_M 反映中横剖面的丰满程度,影响船舶的运输量和快速性。内河船和大型运输船的 C_M 值大,中横剖面较丰满,而快速船和中小型船的 C_M 值较小,中横剖面较瘦削。

2. 体积系数

体积系数包括方形系数和纵向棱形系数,如图 6-5 所示。

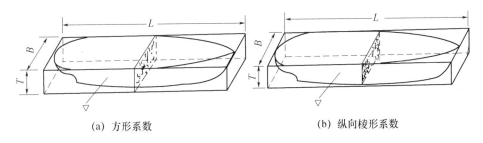

(a) 方形系数　　　　　　(b) 纵向棱形系数

图 6-5　体积系数
▽—型排水体积

1) 方形系数(C_B)

方形系数是设计水线下的型排水体积 ▽ 与其对应的设计水线长、设计水线宽和设计吃水的乘积($L_{WL} \times B \times T$)的比值 $C_B = \nabla/(L_{WL} \times B \times T)$。

对于民用船舶,船长取垂线间长 L_{BP}。C_B 反映出船体水下部分体积的丰满程度。低速船的 C_B 值较大,高速船的 C_B 值则较小。

2) 纵向棱形系数(C_P)

纵向棱形系数是设计水线下的型排水体积 ▽ 与以中横剖面面积为断面,长度为 L 的柱体体积(即长方体 $A_M \times L$)的比值 $C_P = \nabla/(A_M \times L)$。

C_P 的大小反映船舶排水体积沿船长的分布情况。其值越大,表示排水体积沿船长分布较均匀;其值越小,表示船舶的排水体积较集中于中部,两端瘦削。该系数与船舶的快速性有相当密切的关系。此外,还有竖棱形系数表示排水体积沿型深分布的情况。

由以上可知,主船体尤其是水下部分的形状对船舶的航行性能有很大的影响。

6.2 船舶基本性能

设计和建造船舶时,应使船舶具有良好的性能,以适应复杂的海洋环境,将航行的危险降到最低。船舶的基本性能包括:以流体静力学为基础研究的船舶在不同条件下的浮性、稳性、抗沉性等;以流体动力学为基础研究的船舶快速性、耐波性和操纵性等。

6.2.1 浮性

浮性是指在一定装载情况下,船舶具有漂浮在水面保持平衡位置的能力。

船舶是浮体,决定船舶沉浮的力主要是重力和浮力。漂浮条件是重力和浮力大小相等方向相反,且两力应作用在同一铅垂线上。船舶重力即船舶的总重量;船舶浮力是指水对船体的浮力,根据阿基米德定律船舶浮力大小等于船体所排开同体积水的重量。

船舶重力通常用 W 表示,它经过船舶重量的中心,也称为重心 G,其方向垂直向下,船舶中心 G 的位置随货物移动而改变的;船舶浮力通常用 B 表示,它经过船舶水下体积的几何中心,也叫浮心 C,其方向垂直向上,船舶浮心 C 的位置随水线下船体体积的变化而变化,如图 6-6 所示。船舶重力 G 和浮力 B 大小相等方向相反,且作用在同一铅垂线上,这时船舶就平衡漂浮在水面上。如果增加载货,重力增大船舶就会下沉,使吃水增加,浮力也就增大,直到浮力和重力又相等,船舶就达到新的平衡位置;反之也会达到另一新的平衡点。船舶的平衡漂浮状态,简称船舶浮态。船舶浮态可分为四种:正浮状态、纵倾状态、横倾状态、任意状态。

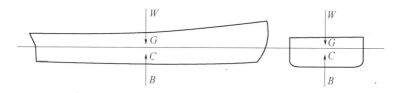

图 6-6 作用在船舶上的力

6.2.2 稳性

稳性是指船舶在外力(如风、浪等)的作用下偏离正浮位置而倾斜,当外力消失后能自行恢复到正浮位置而不倾覆的能力。

当船舶在平衡位置时,船舶受力如图 6-6 所示。当外力迫使船舶倾斜,若货物不移位,则重心位置不变,但水下体积形状发生变化,浮心则由 C 移至 C_1 点,如图 6-7(a),这时重力 W 和浮力 B 的作用点则不在同一条线上,形成一个力矩(图 6-7(a)

中为顺时针方向),称为外力矩;当外力消失后,此时重力和浮力组成一个反抗倾斜的力偶,船舶在上述力偶所产生的力矩作用下恢复到初始位置,此力矩(图6-7(a)中为逆时针方向)称为回复力矩,这时船舶处于稳定状态。若船舶重心较高,外力使浮心移动距离较小,重力和浮力产生的力矩(图6-7(b)中为顺时针方向)称为倾覆力矩,其方向和船舶倾斜方向相同,这时不仅不能将船舶扶正,反而会使其继续倾斜以致最终倾覆,如图6-7(b)所示。

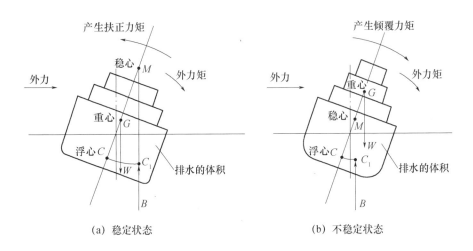

图6-7 船舶的稳性

6.2.3 抗沉性

抗沉性是指船舶在局部破损浸水后,仍能保持一定的浮性和稳性而不致沉没的能力。

为了增大船舶的抗沉性,一般采取的措施包括:加大干舷,增加船舶的储备浮力;同时在结构上设置水密舱壁及双层底把船体分隔成若干个水密舱室,一旦某些舱室破损进水,不至于扩散到其它舱室,使船体仍能浮于水面。

船舶在破损进水后是否会倾覆或沉没,在一定程度上还与船上人员采取的抗沉性措施有关,船舶破损进水后的措施很多,如抽水、灌水、堵漏、加固、抛弃船上载荷、移动载荷或调拨压载水等。

6.2.4 快速性

快速性是指船舶在主机输出功率一定的条件下,尽量提高船速的能力。快速性包含节能和速度两层意义,提高船舶的快速性也应从这两方面入手,尽量提高推进器的推力和减小船舶航行的阻力。

1. 船舶阻力

船舶阻力包括水阻力和空气阻力。船舶水上部分受到的是空气阻力,水下部分受到的是水阻力,由于水的密度比空气大 800 多倍,所以船舶航行时主要考虑船体水阻力。船体水阻力为摩擦阻力、涡流阻力(形状阻力)和兴波阻力三部分。

船舶在水面航行时的总阻力可以归纳为:

2. 船舶推进力

对于提高推进器推力,目前船舶大多数采用螺旋桨推进器,在主机输出功率和转速一定的条件下,正确设计或选择螺旋桨的几何形状,对产生推力有很大的影响。因此,营运中适当选择螺旋桨的螺距,调整合适的吃水和吃水差,航行中保持螺旋桨在水下有足够的深度对船舶推进力也有很大的影响。

6.2.5 耐波性

耐波性是指船舶在波浪中抵抗摇摆,保持稳性和航速的能力。在海洋上运行的船舶,应尽可能地减少摇摆而处于比较平稳的状态,以利于船上乘员的生活和工作。

1. 摇摆造成的不良后果

船舶航行中遭遇风浪时会造成摇荡、抨击、上浪、失速、飞车和附加于船体的波浪弯矩,这些都会对船舶带来多方面的不利影响,包括倾覆、航速下降、燃料消耗增加、影响各类设备、仪器的正常工作等。

(1) 乘员居住条件变坏,影响船员工作,引起旅客晕船呕吐。

(2) 剧烈的横摇使船身横倾过大,可能导致倾覆。

(3) 航行阻力增加,螺旋桨工作条件恶化(负荷不均匀,桨叶局部出水),航速下降,燃料消耗增加。

(4) 纵摇和垂荡使首部甲板上浪,底部出水,船体与水面抨击,船体结构振动,应力增加。

(5) 摇摆产生的加速度,特别是抨击加速度,降低武器的命中率,严重影响各类设备、仪器的正常工作。

(6) 波浪产生的弯矩和运动产生的附加应力可能导致船体折断或局部损坏。

(7) 甲板浸水,影响甲板机械设备的正常运转和船员的工作。

2. 船舶减摇装置

现代船舶上常用的减摇装置有以下几种。

1) 舭龙骨

舭龙骨是一种绝大部分船都装设的简单而有效的被动减摇装置。它是装于船舶舭部的长条形结构,与该处外板垂直。舭龙骨的长度为船长的 1/3~2/3,宽度为船宽的 3%~5%。

2）减摇鳍

减摇鳍又称侧舵,如图 6-8 所示。它是装在船的舯部的一对或两对可操纵的活动机翼,它能绕自身的轴转动。

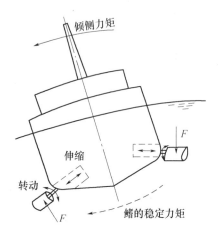

图 6-8　减摇鳍
F—鳍上产生的减摇水动力

3）减摇水舱

减摇水舱是设在船的两侧且左右连通的 U 形水舱,如图 6-9 所示,通常分为主动式和被动式两种,其原理是使水舱内的水在左右舱间的流动周期与船在波浪中的摇摆周期相近而方向相反。

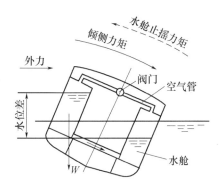

图 6-9　被动式减摇水舱

4）陀螺减摇装置

陀螺减摇装置是利用旋转的陀螺有维持其转轴位置不变的倾向的原理,使装置在船体结构中的陀螺减摇装置起到减摇的作用,如图 6-10 所示。但陀螺减摇装置造价较高,可用于部分军用舰艇和远洋客船。

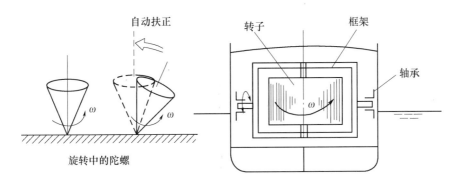

图 6-10 陀螺减摇装置

6.2.6 操纵性

操纵性是指船舶在航行中保持和改变航向,控制船舶运动的能力。船舶操纵性包含四方面的内容。

1. 航向稳定性

航向稳定性是船舶能够保持既定航向做直线航行的能力。船舶在实际航行中,即使计划沿一定的方向做直线航行,但实际行驶路线还是一条曲线,曲线越靠近直线,表明船的航向稳定性越好。

2. 回转性

回转性是船舶由直线航行进入曲线运动的能力,也是船舶能迅速灵活地改变其方向和位置的能力。

3. 转首性和跟从性

船舶应舵转首及迅速进入新的稳定运动状态的性能,前者称为转首性,后者称为跟从性。

4. 停船性能

停船性能是指船舶对惯性停船和倒车停船的响应性能。

船体的形状对船舶操纵性有重要的影响,但是如果没有专门的操纵装置,船舶是不能按预定的航线航行的。为了使船舶具有合适的操纵性,必须配备专门的操纵装置,以提供按驾驶者的意图迫使船舶改变航向的力矩。操纵装置有舵、转动导管、平旋推进器、主动转向装置等。其中舵的结构简单,工作可靠,造价低廉,是目前应用最广泛的操纵装置。

6.3 船舶使用性能

6.3.1 船舶吨位

船舶的吨位是用来表示船舶的大小和运输能力的,它分为重量吨位和容积吨位两种。

1. 重量吨位

重量吨位是以重量的大小来表示船舶的运输能力,以"吨"计算,常用的重量吨位有载重量和排水量。

1) 重量

船舶的重量可分为不变重量和可变重量两类。

(1) 不变重量又称为固定重量,它包括船体结构,船上的主机、辅机和各类设备、各种管路系统及固定的压载物;对于军舰还包括舰上的装甲和武备。这些都是属于船舶自身的,建成后不能随意拆卸的结构、设备的重量。固定重量的总和就是船舶的空船重量。

(2) 可变重量包括燃油、滑油、淡水、食物、备品、船员、运载的旅客、货物以及压载水,对于军舰还包括弹药、运载士兵及其所携带的武器和行军装备。

2) 载重量

可变重量的总和就是船舶的载重量。载重量在不同的航次,以及在每一航次的航行过程中都是变化的,载重量分为净载重量和总载重量。对于运输类船舶,净载重量只包括货物、旅客、行李的重量,总载重量为净载重量加上航行所必需的人员和物资的重量。

3) 排水量

排水量是指船舶所排开同体积水的重量,即整个船的重量。它因载货的多少而不同,故排水量分为空船排水量和满载排水量。

2. 容量吨位

船舶要装载一定数量的货物、燃油、滑油、给水、弹药、武备和人员,要进行各种作业,必须要有相应的舱室容积。足够的舱室容积是保证船舶使用性能的重要指标之一。

运输船尤其是货船的实际排水量在营运过程中变化很大,在许多情况下载重量也不能确切地表明船舶的大小,如相同载重量的普通货船的尺度就比滚装船小得多。所以,在航运中常以船舶容量代替重量来衡量船舶的大小,容量的单位是立方米。对于远洋航行的船舶,国际上规定了一个统一的容量量度单位,称为吨位或登记吨位。一个登记吨位相当于 100 立方英尺或 2.83 立方米。登记吨位是根据各国自行规定的船舶丈量规则进行丈量计算的,由于丈量方法基本相同,所得登记吨位各国间差别甚小。应当特别注意,在船舶丈量中,"吨"是重量单位,"吨位"是容量或容积单位。

船舶登记吨位分为总吨位和净吨位。总吨位(G_T)是指所有封闭的舱室根据一定的丈量规则丈量而得的容积总和。从总吨位中扣除掉并不是用于装载旅客、货物的吨位,即为净吨位。

6.3.2 航速

航速是指船舶在不流动的水域中航行时,单位时间内所进行的路程。它既是船舶重要的航行性能,也是船舶重要的使用性能。对于货船,它反映其周转速度和运输能力;对于客船,它决定旅途消耗的时间;对于某些工程工作船舶,它代表其工作效率和有效性;而对于军用作战舰艇,则是极其重要的战术性能。

海船的航速单位是"节",用"kn"表示。1 节 = 1 海里/小时,即 1kn = 1n mile/h。

目前,民用船舶的航速一般为 15~25 节,高速船可达 30 节以上,军用舰艇为 20~40 节,水翼船、气垫船可超过 50 节。

6.3.3 续航力

续航力是指船舶携带额定燃料,中途不再补给,以一定航速连续航行所能达到的最大航程,以海里表示,是极其重要的性能指标。目前,远洋船舶和大型军舰的续航力都在 1 万海里以上。舰船采用核动力以后,续航力有了极大的提高,如大型核动力潜艇,就有能力环球连续航行。

6.3.4 自持力

自持力是指船舶出航后,在海上不添加燃料、淡水、食物和其他消耗品而能维持的最多天数或昼夜,是船舶耐航性的一个指标。自持力对于航行目的地离岸较远的远洋船、南极捕鱼船、海洋考察船以及在海上作业时间较长的某些特殊船舶,都是很重要的性能。

第7章 船体结构与强度

为使船舶能在恶劣天气条件下承受各种外力对船体的冲击和作用,船舶必须按《钢质海船入级与建造规范》的技术要求进行设计和建造,并需经由主管机关授权的船级社或指定的验船师按《钢质海船入级与建造规范》检验合格后方可投入营运。作为船舶建造人员应熟练掌握船舶建筑与结构的基础知识。

船体的结构决定其强度的大小,同时强度的大小也决定了船舶的运载能力。通常,根据不同的运载需要而设计不同强度的船体结构。在设计过程中,船体结构应具有良好的连续性,以达到需要的强度。

7.1 船体结构

船体是由骨材和钢板组合而成的复杂结构体。由于骨材布置的方式不同,形成了不同的船体结构形式。船体结构各部位的作用不同,各个结构的细节也不相同。现将船体进行分解,按各个部位给出结构细节的名称。

7.1.1 船体结构形式

船体横向布置的骨材间距较小,纵向布置的骨材间距较大,这种船体结构称为横骨架式结构(图7-1);船体横向布置的骨材间距较大,纵向布置的骨材间距较小,这种船

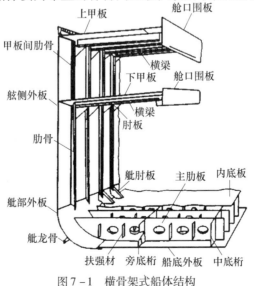

图7-1 横骨架式船体结构

体结构称为纵骨架式结构(图7-2);船体的强力甲板和船底采用纵骨架式结构,而舷侧和下甲板采用横骨架式结构,这种船体结构称为混合骨架式结构(图7-3)。

主船体由外板、船底结构、舷侧结构、甲板、纵横舱壁和首尾端结构组成。

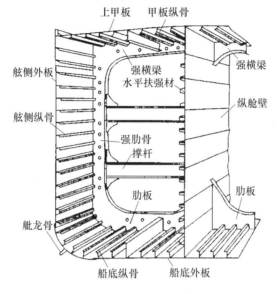

图7-2 纵骨架式船体结构

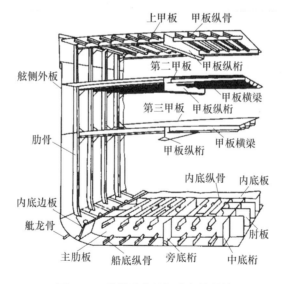

图7-3 纵横混合骨架式船体结构

7.1.2 外板

外底板和舷侧板合称为船体外板,外板的布置如图7-4所示。构成外板的钢板,其长边沿着船长方向布置,形成纵向的一长列,称为板列;相邻板列间的接缝称为边缝或纵缝;同一板列上各张钢板之间的接缝称为端缝或横缝。各板列根据不同的位置进行命名,在船底中心线上的一列板称为平板龙骨或龙骨底板,龙骨底板两侧的板列称为龙骨翼板,自龙骨底板开始到舷顶列板,各列板习惯上分别以大写英文字母 K、A、B、C…表示,龙骨底板简称为 K 板;沿舭部转角处布置的一列板称为舭列板,简称舭板;与上甲板连接的最上一列板称为舷顶列板或舷侧顶板,舷顶列板称为 S 板。在这三列板之间分布着其他各列外板,底部列板称为船底列板,两舷列板称为舷侧列板,分别简称为底板和侧板。

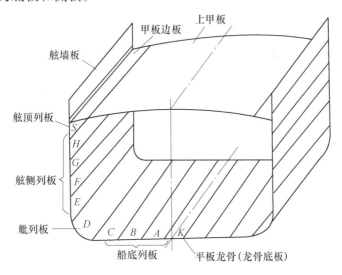

图 7-4 外板的布置

不同部位的各列外板,由于总纵弯曲时受力情况的不同,和营运过程中腐蚀程度的不同,其厚度是不同的。大中型船舶,同一列外板的厚度一般在船中部 $0.4L$ 范围内保持不变,然后向两端逐渐减小。由于龙骨底板在船舶建造、坞修时承受较大的墩木支承力,又位于船底易受积水腐蚀,其厚度大于其他各列底板,且其宽度在全长范围内保持不变。出于总纵强度的考虑,舷顶列板也厚于其他各列舷侧板。

外板的某些特殊部位受力较大、有各类开口或易于腐蚀磨损,也需要适当加厚,如机舱区域、船首锚链孔区域,船尾螺旋桨区域及抗冰区域等。

7.1.3 船底结构

船底结构可分为单层底、双层底、横骨架式和纵骨架式等多种。

1. 单层底结构

1) 横骨架式单层底结构

横骨架式单层底结构是船底最简单的一种结构形式(图 7-5),一般应用于小型船舶、内河船舶以及大中型船舶的首尾端部。

骨架式单层底结构除底板外,还包括下列构件:安装在船底中心线上,并尽可能延伸至首尾柱的中内龙骨;除首尾端外,在船中部为连续不间断的构件;设置在每一

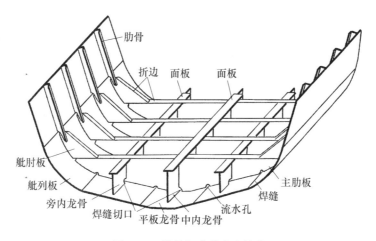

图 7-5 横骨架式单底底结构

肋骨位置,左右对称,在中内龙骨处间断,连接舷侧与肋骨的为肋板;在肋板处间断的纵向构件为旁内龙骨,旁内龙骨每侧设 1~2 道。此外,有时在艉部设艉肘板以连接船底肋板和舷侧肋骨。

2) 纵骨架式单层底结构

纵骨架式单层底结构在底板上设置数量较多的纵骨,称为船底纵骨,此时中内龙骨可以连续也可以间断。在小型舰艇的机舱中,有多道基座纵桁或旁内龙骨时,也可不设中内龙骨(图 7-6)。尺寸较大的肋板,每隔几档肋骨开穿越孔让纵骨贯通,纵骨为扁钢、球扁钢或不等边角钢。中内龙骨、旁内龙骨和肋板为焊接丁字梁(俗称为丁字铁或 T 型材)。纵骨架式单层底结构多见于各类小型快艇。

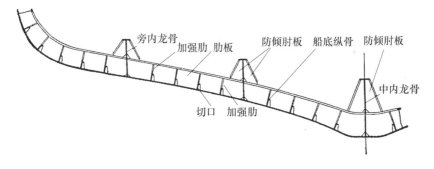

图 7-6 纵骨架式单层底结构

2. 双层底结构

双层底结构由底板、内底板、内底边板及纵横式骨架等构件组成。

内底板的钢板长边沿船长方向布置,形成平行于船体中心线的板列。为了进出双层底舱,通常要在每个舱室对角处的内底板上开设人孔,并用水密人孔盖在四面予以封闭,以保持内底板的水密性。

内底边板是在舷部将外板与内底板连接起来的一列板。它有下倾式、上倾式、水平式和折曲式四种(图 7-7)。

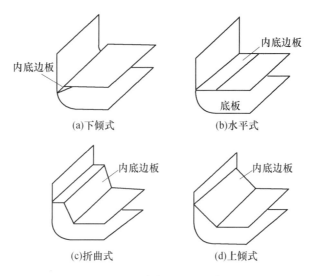

图 7-7 内底边板的形式

一般杂货船都采用下倾式内底边板,其优点是可以利用舭部作为污水井,且这种形式货舱容积损失较小。水平式内底板相当于把内底板延伸到舷侧,提高了船舶的安全性,且施工方便。但为了防止排泄舱内积水,内底板上需另设污水井。这种形式多见于客船或首尾端的双层底。上倾式内底边板一般用于散装货船,形成底边舱并有利于散货的装卸。折曲式内底板多应用于在河道或浅险地区航行的内河船,由于内底板在舭部的升高有利于航行的安全,改善了船舶抗沉性。

3. 横骨架式双层底结构

横骨架式双层底结构为机舱部位的横骨架式双层底结构(图7-8),它由底板、内底板、中桁材、旁桁材、肋板等构件组成,这种结构一般应用在中小型船舶上。

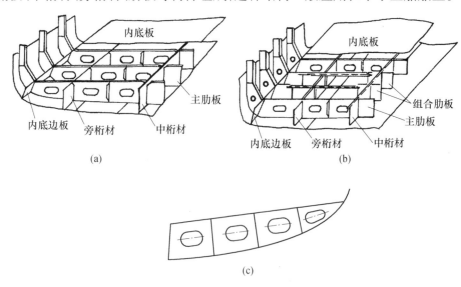

图 7-8 横骨架式双层底结构

中桁材是重要的纵向强力构件,除在首尾端可以间断外,在船舶中部都是连续的。中桁材通常为水密结构,可减轻双层底舱内自由液面的影响。旁桁材则在肋板处间断,其上开有人孔或减轻孔,上缘的通气孔和下缘的流水孔可供空气和液体流动。肋板是设在每一个肋位的底横向构件,对保证船体的横向强度和局部强度起重要作用。肋板分水密肋板、开有人孔或减轻孔的实肋板以及由钢板和型钢制成的组合肋板三种。水密肋板将双层底舱分隔成不同用途的各类液舱。

4. 纵骨架式双层底结构

大型干货船、散装货船、集装箱船和油船的中部均采用纵骨架式双层底结构(图7-9)。强度相同时,其结构重量小于横骨架式。数量较多的底纵骨和内底纵骨在水密肋板处断开,并用肘板与之连接。

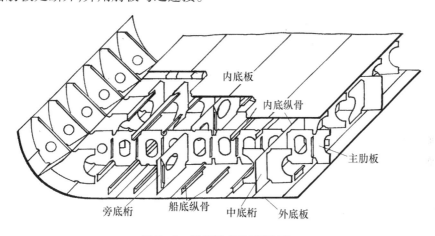

图 7-9 纵骨架式双层底结构

近年来,大型船舶双层底中部多采用箱形中桁材以代替普通中桁材。两平行桁材构成的箱形结构作为各种管路的通道,俗称管弄。

7.1.4 舷侧结构

舷侧结构指从舭部肘板到上甲板间,船体舷侧的板架结构。舷侧结构主要承受水的压力和波浪冲击力,船体甲板以上的上层建筑以及甲板设备和货物的重量是保证船体横向强度和侧壁水密性的重要结构。

一般船舶的舷侧只有一层外板,为单层壳舷侧。但大型油船、集装箱船常采用双层壳结构,形成船舶的边舱。边舱能提高船舶的总纵强度、抗扭转强度和船舶的抗沉性。对于油船,还可防止海损时泄漏造成海洋污染。舷侧结构也分横骨架式和纵骨架式两种形式。

1. 横骨架式舷侧结构

横骨架式舷侧结构除外板外,其骨架由普通肋骨、强肋骨和舷侧纵桁组成(图7-10)。肋骨按其位置分底舱主肋骨,甲板间肋骨和首尾尖舱肋骨。按其强度或材料分普通肋骨和强肋骨。肘板则是肋骨两端的连接构件,分普通肘板、舭肘板和梁肘板。

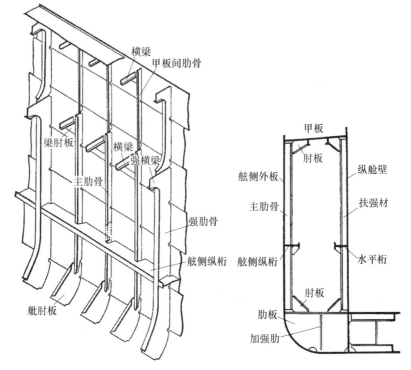

图 7-10 横骨架式舷侧结构

舷侧纵桁是舷侧的纵向构件,通常在强肋骨处间断,并与之牢固连接。普通肋骨为型钢,强肋骨和舷侧纵桁则为焊接丁字梁或尺寸较大的型钢。

2. 纵骨架式舷侧结构

纵骨架式舷侧结构主要由间距较小、布置较密的舷侧纵骨和强肋骨构成(图 7-11)。纵骨为型钢,强肋骨则为焊接丁字梁,板幅尺寸较大,其上开孔使纵骨贯通。每隔几档肋距设置强肋骨,有时,舷侧还设有纵桁以加强。

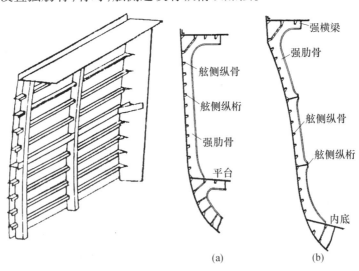

图 7-11 纵骨架式舷侧结构

航行于冰区的船舶,常在最大和最小吃水线之间的舷侧适当予以加强。措施是加厚该处外板,加大骨架尺寸和增设中间肋骨。

7.1.5 甲板

船上有多层甲板和平台。强力甲板是在总纵弯曲时受到拉力或压力最大的一层甲板,它一般就是最上一层连续甲板,即上甲板或主甲板。所以上甲板是保证船体总纵强度的重要结构,其他各层甲板在总纵弯曲时受力相对较小。

甲板结构由甲板板、横梁、强横梁、舱口端梁、甲板纵桁、甲板纵骨、舱口围板及舷边立柱等构件组成,也分横骨架式和纵骨架式两种。

货船在甲板上开有货舱口,它是装卸货物的通道又具有防护的作用。

1. 甲板板

甲板板的长边大多数沿船长方向布置,只有在首尾端和大舱口之间,才做横向布置。为保证强度,板的端接缝都避开舱口端部。

有多层甲板时,主甲板在保证船体总纵强度中作用最大,其板最厚。在同一层甲板中,由于纵弯时受力大小不同,中部甲板厚于首尾部甲板。主甲板上与舷侧相连接的板列称甲板边板,常是甲板中最厚的一列板,要求保持一定的宽度,不允许有较大的开孔,即使小的开孔也应予以加强。

甲板上常有各种大大小小的开口,如机舱口、货舱口、人孔、梯口等。开口破坏了甲板纵向的连续性,并且易于在转角处造成应力集中,导致甲板产生裂缝。所以,角隅处的结构要适当加强,并将舱口四角做成抛物线形或椭圆形。

2. 横骨架式甲板结构

横骨架式甲板结构由甲板板、横梁、强横梁、甲板纵桁和肘板组成,有舱口时则设舱口端梁和半横梁(图7-12)。横梁与肋骨在同一肋骨剖面内,由球扁钢和不等边角钢制成,横梁与肋骨用梁肘板连接。在甲板开口处,横梁中断于舱口纵桁处,并与之可靠连接。甲板纵桁由焊接丁字梁制成,在横舱壁处间断,并用肘板或加大尺寸与横舱壁牢固连接。甲板纵桁的腹板上开孔供横梁贯通,强横梁和舱口端均为焊接丁字梁,舱口端梁设在舱口横向围板的位置,其下方有时设置支柱。

3. 纵骨架式甲板结构

纵骨架式甲板结构由甲板板、甲板纵桁、甲板纵骨、强横梁、舱口端梁和肘板组成(图7-13)。

数量较多的甲板纵骨为球扁钢或不等边角钢,沿船长方向设置,连续通过强横梁腹板上的开口,间断于横舱壁处,并用肘板与之连接。纵骨是纵向强力构件,直接承受纵弯时的拉力和压力。同时,纵骨支持甲板板,承受甲板上货物、设备的重量及甲板上浪时的水压力。每隔几档肋距设置强横梁,并用梁肘板连接于肋骨。在无强横梁的肋骨上端,设舷侧加强肘板。甲板纵桁及舱口端梁的结构与横骨架式相同。

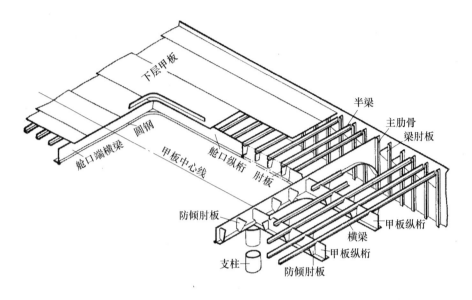

图 7-12 横骨架式甲板结构

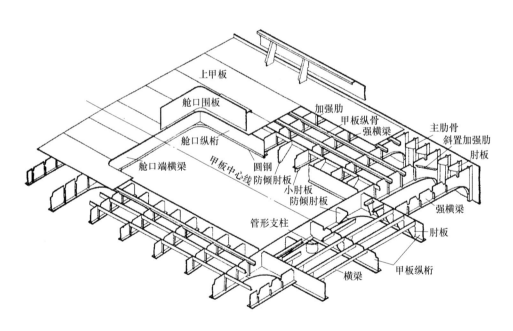

图 7-13 纵骨架式甲板结构

为了防止在风暴天气航行时海浪冲上甲板,并保障船上人员的安全,通常在上甲板舷边设置舷墙(图 7-14)。舷墙由舷墙板、支撑肘板及扶手等构件组成。舷墙板安装在舷顶列板的上方,但不能与舷顶列板坚固连接。它用支撑肘板固定在甲板上,不是抵抗总纵弯曲的结构,其下部开有一系列长孔,以便迅速泄除甲板积水。在横梁位置,每隔几档肋距设置支撑肘板,上部扶手由扁钢、球扁钢或不等边角钢制成。

图 7-14 舷墙局部立体图

7.1.6 水密舱壁结构

水密舱壁将船体内部空间分割成多个舱室,并具有提高船体强度,控制火灾蔓延,增强船舶抗沉性等作用。横舱壁是保证船体横向强度的重要结构,较长的纵舱壁能提高船体的总纵强度,形成左右舱或边舱,油船上的纵舱壁还能减轻自由液面对船舶稳性的不利影响。

作用于主船体舱壁结构上的外力有由船底、舷侧和甲板传递来的力,舱内油、水的压力,进坞时龙骨墩的支撑力,以及破舱进水后的水压力。舱壁应有足够强度抵抗外力作用而不会变形或损坏。

水密横舱壁的形式分为平面舱壁和槽形舱壁两种。

1. 平面舱壁

平面舱壁由平直的舱壁和交叉骨架构成,也是板架结构(图7-15)。

平面舱壁板的长边成水平方向布置,以利于钢板的厚度自下而上逐渐减薄,以减轻结构的重量。平面舱壁上的骨架是用球扁钢或角钢等制成的垂直扶强材,用焊接J字梁制成的水平桁和垂直桁,其端部分别与舷侧或甲板纵桁相连接,形成连续结构。干货船上的横舱壁均不设桁材,以免占有效的舱容,影响货物装载量。横舱壁的骨架一般都装在朝向船中的一面。

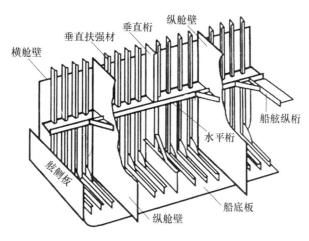

图 7-15 平面横舱壁

2. 槽形舱壁

槽形舱壁由钢板压制焊接而成,它以槽形折曲代替平面舱壁上的型钢扶强材,保证舱壁的强度和刚性。在相同的强度下,其结构重量小于平面舱壁,且大大减少了结构制作中的焊接工作量,也给清舱工作带来一些方便,广泛应用于油船、散装货船以及干货船的深舱中。

槽形舱壁中槽形刨面的布置方向决定于舱壁宽度和高度的比值。一般沿尺度较大的方向布置槽形(图7-16)。

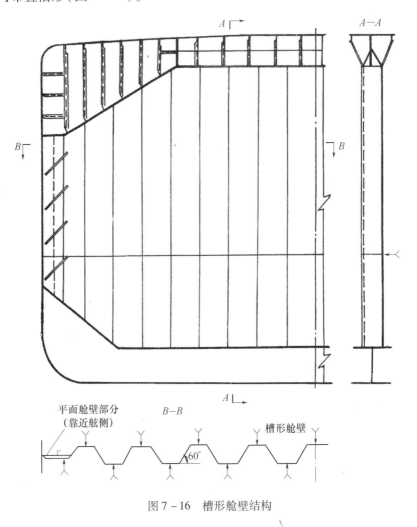

图7-16 槽形舱壁结构

7.1.7 船舶首尾端结构

船体的形状向两端逐渐缩小,最后合拢于首尾柱。船舶航行时,尤其是压载逆风浪航行时,首部遭受波浪的猛烈撞击,航行于冰区的船舶,更要遭受浮冰的冲击和挤压。船尾部分则承受螺旋桨工作时所产生的振动和被螺旋桨所扰动的水的冲击。因此,首尾端的结构都应予以加强,船舶产生总纵弯曲时对首尾部分的影响是比较小的。

1. 首部结构

船舶的首部是指距首垂线 0.25L 处向船首部分,包括首尖舱区域和防撞舱壁之后的区域两个部分。

在首尖舱区域,肋骨都延伸到上甲板,肋骨间距不超过 600mm。当首尖舱较深时,还用强胸横梁水平支撑两舷的肋骨。还必须沿每道强胸横梁设置尺寸较大的船舷纵桁,也可用开孔平台结构代替强胸横梁和舷侧纵桁(图 7-17)。首尖舱区域都为横骨架式结构,并在每一肋位上都设实肋板,其高度向船首逐渐升高,故也称升高肋板。首尖舱作为水舱时,在中线面上设制荡舱壁,以减轻舱内水的左右摇晃。制荡舱壁上开有减重孔和供人员在舱内攀扶上下的半圆孔。

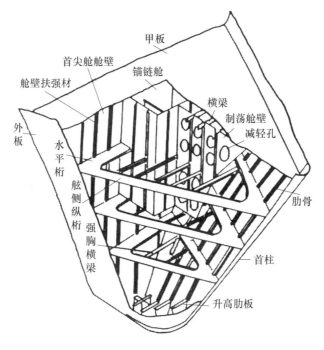

图 7-17 船首结构

首尖舱之后 0.25L 范围内的舷侧和船底也应予以适当加强。措施是限制肋骨间距,增加外板厚度和加强骨架。

2. 尾部结构

船舶的尾部一般指尾尖舱舱壁以后的船体部分。船舶的重要设备——舵和推进器就安装在该区域内。图 7-18 为尾端结构的一例。

尾柱式船体结构最后端连接外板的坚固构件,其主要作用是支持和保护舵和螺旋桨,并增强尾部结构。尾柱的形状及结构与舵的形式及螺旋桨的数量有关。近年来,由于较多采用悬挂舵或半悬挂舵,无舵柱的尾柱也被广泛采用。在双螺旋桨船上,当桨轴伸出船外过长时,则设尾轴架(俗称人字架)来支承桨轴及螺旋桨,还可减轻螺旋桨工作时的振动。

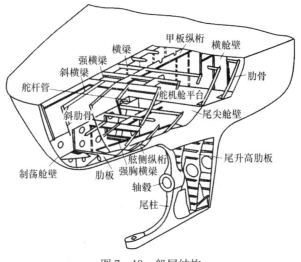

图 7-18 船尾结构

为加强尾部结构,尾尖舱的肋距都不大于 600mm,每一肋位都必须设置实肋板。单螺旋桨的肋板应达到尾轴管以上足够的高度。当舷侧为横骨架式且舱深较大时,就应设舷侧纵桁和强胸横梁以加强;在中线面上设制荡舱壁。尾尖舱以上的舷侧为抵抗波浪拍击也应适当加强,或增加外板板厚,或设强肋骨和舷侧纵桁。

7.1.8 货舱剖面

货船的主船体部分,除机舱、首尾尖舱以及少数其他工作舱外,大部分都为货舱。货舱是由底部、舷侧、甲板和舱壁围成,其结构有横骨架式和纵骨架式。由于装载货物种类的不同,货舱横剖面的形状也有很大差别(图 7-19)。

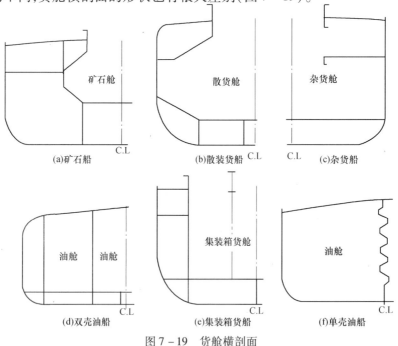

图 7-19 货舱横剖面

7.2 舱室布置

各类船舶的舱室因用途不同而有所差异。下面介绍不同用途船舶的舱室布置位置及功能。

7.2.1 机舱

一般商船只设置一个机舱,机舱要求必须与货舱分开。因此,在机舱的前后端均设有水密横舱壁。

机舱内的双层底较其他货舱内的双层底高些,这主要是为了和螺旋桨轴线配合,不使主机底座过高,减少振动。另外,双层底高些可增加燃料舱、淡水舱的容积。

7.2.2 货舱

一般货船在内底板和上甲板之间,从船首尖舱舱壁至船尾尖舱舱壁的这一段空间,除了布置机舱之外,基本上都是用来布置货舱的。

两层甲板之间的船舱称为甲板间舱;最下层甲板下面的船舱称为底舱。货舱是按自船首向船尾的顺序进行排列,一般货舱的长度不大于30m。通常,每一个货舱只设一个舱口,有的船设有纵向舱壁则在横向并排设置2~3个货舱口,如油船、集装箱船和较大型的杂货船等。

货舱内的布置要求结构整齐、不妨碍货物的积载和装卸,通风管道、管系和其他设施都要安排在甲板横梁之下或紧贴货舱的边缘。

7.2.3 液舱

液舱是指用来装载液体的舱,如燃油、淡水、液货、压载水等。由于液体的密度大,一般都设在船的低处,有利于船舶稳性。为了减小自由液面对稳性的影响,其横向尺寸都较小,且对称于船舶纵向中心线布置。

1. 燃油舱

燃油舱是供储存主机、辅机所用燃油的舱,一般都布置在双层底内。由于主机用的重油需要加温,为了减少加热管系的布置,重油舱多在机舱附近的双层底内。

2. 滑油舱与循环滑油舱

滑油舱与循环滑油舱通常设在机舱下面的双层底内,为防止滑油污染,四周设置有隔离空舱。

3. 污油舱

污油舱是供储存污油用的舱,舱的位置较低,以利于外溢、泄漏的污油自行流入舱内。

4. 淡水舱

淡水舱是饮用水舱、锅炉水舱的统称。生活用水一般布置靠近生活区下面的双层底内，亦有布置在船首尾尖舱内的。锅炉水舱多在机舱下的双层底内，是机舱专用的。

5. 压载水舱

压载水舱是专供装载压载水用以调整吃水、纵横倾和重心用的。双层底舱、船首尾尖舱、深舱、散货船的上下边舱、集装箱船与矿砂船的边舱等都可以作为压载水舱。

6. 深舱

一般货船空载时，打满压载水，仍难达到适航水尺。对稳性要求较高的船需要另设深舱，既可用来装货，空载时又可用来装压载水。深舱对称布置于纵向中心线的两侧，并水密分隔，以减小自由液面的影响。

7. 液货舱

有些杂货船设有 1~2 个装运液体货物的深舱，称为液货舱。

7.2.4 隔离空舱

隔离空舱是一个狭窄的空舱，又称干隔舱，一般只有一个肋骨间距，专门用来隔开相邻的两个舱室，如油船与淡水舱，又如油船上的货油舱与机舱都必须隔离。

7.2.5 锚链舱

锚链舱是位于锚机下方船首尖舱内用钢板围起来的两个圆形或长方形的水密小舱，并与船舶中心线对称布置，底部设有排水孔。

7.2.6 轴隧

中机型和中尾机型船，推进轴系要穿过机舱后的货舱，从机舱后壁至船尾尖舱之间设置的一个水密结构，保护轴系不受损坏，并防止水从船尾轴管进入货舱内，这个水密结构称为轴隧。

在轴隧的前端即机舱后壁上，设有滑动式水密门，要求在舱壁甲板上能开闭。在轴隧末端靠近船尾尖舱舱壁处，设有应急围井通至露天甲板，作为机舱和轴隧的应急出口，平时作为通风口，应急出口盖不能加锁。

7.2.7 舵机间

舵机间是布置舵机动力的舱室，位于舵上方尾尖舱的顶部水密平台甲板上。

7.2.8 应急消防泵舱

根据国际海上人命安全公约（SOLAS）要求，应急消防泵应设在机舱以外，一般多位于舵机间内，要求在最轻航海吃水线时也能抽上水。

7.3 上层建筑

上层建筑是位于上甲板以上的,自一舷伸至另一舷或其侧壁自外板内缩不大于4%船宽的围蔽建筑物;有时也泛指包括甲板室在内的甲板建筑物。

7.3.1 上层建筑的布置及分类

上层建筑可用于布置各种舱室、战位和各种装置等,减少甲板上浪,增加船舶储备浮力,并可保护机舱开口免受波浪侵袭。根据需要,可有不同的长度和层数,在大型客船上最为庞大。

主船体加上上层建筑构成一定高度和断面变化的船体梁,上层建筑按其所在位置和长度大小,不同程度地参与船体总纵弯曲,船体在上层建筑端部将产生严重的应力集中,在设计中应引起重视。舰艇上层建筑的形式、层数和设置取决于舰艇的类型、主尺度和使命,并与总体舱室布置、武器布置、生活居住条件及航海性能密切相关。在潜艇耐压船体上方,沿船长设置并与非耐压船体连成一体的结构,也称上层建筑。

根据上层建筑所在的位置,又可分为首楼、桥楼和尾楼等。上层建筑的甲板有各种名称,如首楼甲板、尾楼甲板、游步甲板、救生甲板、驾驶甲板、罗经甲板等。

7.3.2 上层建筑的形式

船楼与主船体相组合形成上层建筑的几种不同形式。上层建筑的形式与船舶的用途、航行区域、主要尺度、机舱位置以及内部布置要求有关,还会影响到船舶的航行性能和结构强度。某些特殊的舰船(如航空母舰、潜艇、钻井平台等)有比较特殊的建筑形式,一般船舶上层建筑常见的形式有五种(图7-20)。

1. 三岛式

三岛式主甲板上设置长度较短、相互分离的首楼、桥楼和尾楼,形如三座岛屿。早期船舶广泛采用三岛式,但因船楼之间交通不便渐趋淘汰。

2. 长首楼式

长首楼式首楼与桥楼相连接,其长度大于船长的1/4。

3. 长尾楼式

尾楼与桥楼连成一体,为现代大多数尾机型船广泛采用。

4. 桥楼式、长桥楼式

桥楼式、长桥楼式船上仅设桥楼而无首楼和尾楼,按其长度是否大于船长的15%分别称长桥楼式或桥楼式。

5. 连续上层建筑式

连续上层建筑式将三岛式的三个船楼连接起来形成连续的上层建筑,也就是在

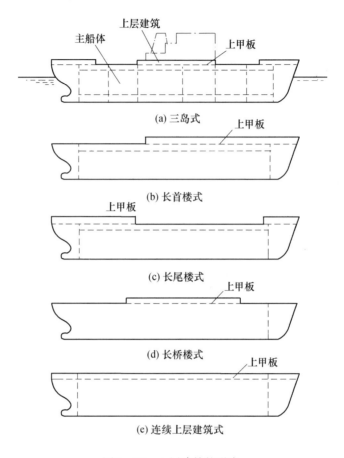

图 7-20 上层建筑的形式

上甲板之上又增加一层或多层连通甲板,某些大型客船常采取这种形式。

此外,有些船的上甲板上不设船楼而只有甲板室,这类船称平甲板船,常见于某些工程船舶、工作船舶。

7.3.3 上层建筑的结构

上层建筑的船楼和甲板室用较薄的钢板制成围壁和内部舱壁。当上层建筑较长时,内部设横向贯通全宽的通道。将上层建筑分隔成相对独立的几个区段,以使其尽可能少地参加主船体的总纵弯曲。尽管如此,位于船中部的长上层建筑承受总纵弯曲的拉力和压力仍然是比较大的,结构必须具备相应的强度。

某些内河客货船常以压筋板代替平直钢板制作围壁,其优点是以筋槽代替扶强材,可减轻结构重量,减少焊接工作量和焊接变形的火工矫正工作。而且压筋板具有较好的纵向伸缩性,可减小纵向弯曲对上层建筑的影响。

上层建筑的前后围壁都设在甲板下方的舱壁、围壁、支柱或强力构件上,使其得到可靠的支撑,保持结构的连续性。

为避免结构突然变化而造成集中应力,上层建筑舷侧外板自楼端部开始逐渐减小高度向前后延伸至上甲板处消失。同时适当增加端壁前后处甲板边板和舷顶列板的厚度,使结构的强度做连续而非突然的变化。

7.4 船体强度

船体在建造和使用过程中会受到各种外力的作用,船体结构本身应具有足够的强度抵抗外力的作用,使船体保持一定的形状不产生永久性的变形或破坏。

作用在船体结构上的外力很复杂,在分析受力情况时,除了要考虑船舶的建造、下水、营运、坞修等状态外,还要考虑可能发生的意外事故,如碰撞、搁浅、触礁和遭到武器攻击等。而决定民用船舶船体结构形式与构件尺寸的基本工作状态主要是正常营运状态。

重力和水压力是船体结构所承受的两个主要外力,重力包括不变的空船重量和可变的装载重量两部分;船体结构承受的水压力大小决定于浸水的深度,水深每增加10m,水压强就增加$1.0 kgf/cm^2$($1 kgf = 9.8 N$),水对船体表面的压力和水深成正比。

浮于水面的船体,水压力的分布在同一水平面上是相等的。水下潜艇所承受的静水压力是很大的。例如,在潜深100m时,每平方米艇体上就受到100t水压力的作用,所以潜艇主要考虑的是水下强度。能够保证水下强度的艇体结构足以满足水面强度的要求。

如前所述,船体在水中所受到的水压力的总和即为浮力。浮力的分布决定于水下部分船体的形状。由于船体中部丰满,首尾尖瘦,在静水中浮力沿船长方向的分布由中间向两端逐渐减小。

下面分析船体结构在外力作用下可能发生的变形或破坏的情况,讨论船体应当具备的强度。

7.4.1 总纵强度

1. 静水中的受力状态

船舶处于静止状态,整个船体的重力和浮力大小相等、方向相反,并且作用在一条铅垂线上。即重力与浮力是平衡的,但这是就全船而言的(图7-21)。

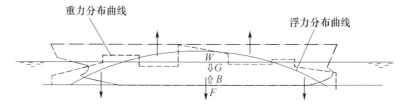

图7-21 静水中重力和浮力的分布

79

若将船体沿长度方向分为若干区段,各个部分的重力与浮力一般都是不相等的,也就是不平衡的。有的区段重力大于浮力,另一些区段浮力大于重力,其合力有的向上,有的向下,呈图 7-21 中箭头所示的状态。

为便于说明,假设某一的箱形船的横断面(图 7-22),当它空载浮于静水中时,由于形状和重量分布均匀,无论是整个船体还是各个区段,浮力和重力都是平衡的。此时船的吃水是 d_1(图 7-22(a));这时若在箱形船的两端装载货物,由于重力增加,吃水增加到 d_2,就整个船体来说,重力和浮力达到了新的平衡。但对于各个区段来说,重力和浮力并不平衡,两端有负载的区段重力大于浮力,合力向下;中间空舱区段浮力大于重力,合力向上(图 7-22(b))。假设各个区段是能够自由沉浮的,就会出现图 7-22(c)中所示的互相错开的状态,两端下沉而中间上浮。但实际上箱形船是一个整体,不可能发生各段分离的现象。于是就产生了图 7-22(b)中所示的中间拱起的弯曲变形。若在箱形船中部装载而两端空舱,情况正好相反,结果产生中间下垂的弯曲变形。

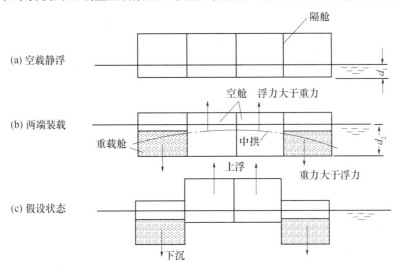

图 7-22 箱形船不均匀装载时的平衡状态

实际上船舶的重力和浮力沿船长的分布都是不均匀的,就局部而言,重力和浮力也都是不平衡的。所以任何船都会有这样的变形发生。这种整个船体在船长方向发生的弯曲称为总纵弯曲。中间拱起、两端下垂的弯曲状态称为中拱;而中间下垂,两端上翘的弯曲状态称为中垂。

2. 波浪中的受力状态

在波浪中航行的船舶也是由于重力与浮力沿船长分布的不均匀而产生总纵弯曲。海浪是由风的作用产生的,由于风的速度、作用时间和吹过的距离不同,波浪的高度和长度也不同。如果遇到波浪的长度与船长大致相同,而波峰或波谷又恰好位于船中时,浮力沿船长分布的不均匀性最大,船体产生的中拱或中垂也最为严重(图 7-23)。由于航行中的船舶与波浪的相对位置是不断变化的,船舶随之交替出现中拱和中垂状态,船体结构的受力情况也发生交替变化。

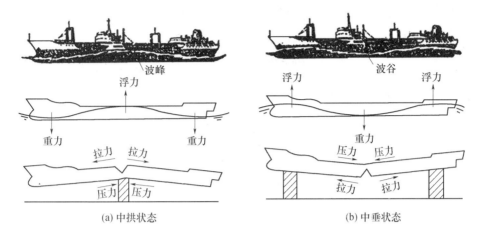

图 7-23 船舶在波浪中的总纵弯曲

3. 产生总纵弯曲时结构受力状态

在总纵弯曲状态下,船体结构内部所受力的方向和大小都是不同的。在同一横剖面内,中拱时,甲板受到拉力,船底受到压力。而舷侧受到的应力则按直线规律变化。在拉力和压力过渡处为结构中性面位置,应力为零。最大拉力和压力分别发生在最上层连续甲板和船底板内。拉力和压力的分布如图 7-24 所示。

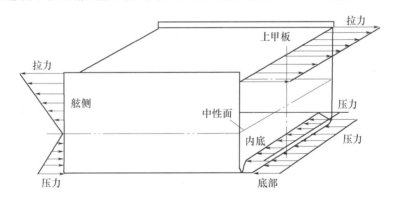

图 7-24 中拱时船体受到的拉力和压力

无论处于中拱或中垂状态,最大的弯曲都产生在船体中部。所以,船体中部结构受到的拉力或压力远比首尾部分大。

把船体看作是具有变化横断面的空心梁,其抵抗总纵弯曲的能力称为船体的总纵强度。参加抵抗总纵弯曲的船体构件称为纵向强力构件,如外板、内底板、甲板、纵舱壁以及纵桁、纵骨等纵向连续构件。总纵强度对保证船舶航行安全关系极大。总纵强度不足会造成结构的变形和损坏,严重时会使船体折断。

4. 总扭转受力状态

当船舶的航行方向相对于波浪成倾斜状态时,由于浮力在船舶两舷的不对称分布,如当首部的波峰位于右舷,尾部的波峰位于左舷时,会引起整个船体的扭转,称为总扭转(图7-25)。此外,首尾货舱内货物的堆放在宽度方向不对称也会造成船体的扭转变形。

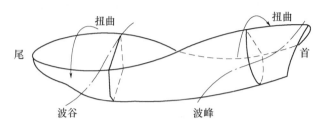

图7-25 船体斜置于波浪时的总扭转

船体结构抵抗总扭转的能力称为总扭转强度。凡是甲板上开有特大货舱口的船舶(如集装箱货船),要特别注意加强其总扭转强度。

总纵强度和总扭转强度合称为总强度,总强度是船舶最重要的结构强度。

7.4.2 横向强度

在外力作用下,船体有些变形是发生在横向的。如静水压力、货物重量等都垂直于外板或甲板作用在船体上,引起船体的弯曲变形。当波浪横向作用于船体时造成两舷的水压力不同;当波浪拍击船体侧面,造成每平方米高达数十吨的冲击力时,就可以造成船体的横向歪斜,这种弯曲和歪斜如图7-26所示。

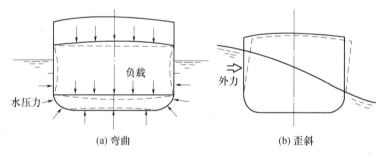

图7-26 船体的横向变形

船体结构必须有足够的能力抵抗这些变形或破坏,以保持横向形状不变。船体结构的这种能力就称为横向强度。保证横向强度的结构主要有横舱壁、肋板、肋骨、横梁以及与它们相连接的外板和甲板。

对于潜艇,横向强度是结构设计时主要考虑的强度。当潜艇受到水下爆炸波的袭击时,耐压壳体除承受所在水深处的静水压力外,还受到巨的大冲击波压力。如果耐压壳强度不够,所产生的变形或破坏主要是横向的。

7.4.3 局部强度

船体受到过大外力的作用时,除了可能发生整体性变形或破坏外,还可能在个别结构上产生局部的变形或破坏。例如,外板和甲板在骨架之间的凹凸变形,在舱口附近甲板纵桁的下塌,舱壁的弯曲,船侧结构在舱壁之间的内陷,支柱的弯曲,肘板的撕裂,甲板等结构上开口转角处的裂缝等。船体结构还必须具有足够的能力抵抗这些局部性的变形或破坏,这就是船体的局部强度。

局部强度虽说是局部性的,但有时局部的细小破坏也会导致严重的后果。例如,甲板大开口角处由于应力集中产生的裂缝,因不断蔓延而造成全船断裂的事故就曾多次发生。所以对于结构上某些特别受力的部位,应采取适当措施予以局部加强,并注意避免产生集中应力。

第8章 船舶建造工艺

船舶建造工艺涉及范围广泛,究其本质是在科学的管理下,根据现有资源和技术条件,以保证产品质量、降低生产成本、提高生产安全、提升建造效率和改善生产条件为宗旨,通过分析船舶建造生产过程,形成最优的造船工艺技术准则,是理论与实践紧密结合的一门科学。

8.1 船舶建造概述

随着科学技术的迅猛发展,现代船舶建造技术满足了船舶建造的大型化、环保和宜人性等需要。船舶建造工艺分为船体建造工艺、舾装工艺和涂装工艺三大部分,这三种不同类型的作业系统相互协调,有机结合,形成壳、舾、涂一体化的现代造船模式。

8.1.1 船舶建造的内容与工艺流程

船体建造工艺是将材料加工制作成船体构件,再将它们组装焊接成中间产品(部件、分段、总段),然后吊运至船台上(或船坞内)总装成船体的工艺过程。

舾装工艺就是把各种机电装置、营运设备、生活设施、各种属具和舱室装饰等,按合理的施工工序流程,安装到船舶上的工艺过程。

涂装工艺是在船体内外表面和舾装件上,按照技术要求进行除锈和涂敷各种涂料的工艺过程,可使金属表面与腐蚀介质隔开,达到防腐蚀处理的目的。按作业顺序一般包括钢材预处理、分段涂装、总段涂装、船台或船坞涂装和码头涂装等几个阶段。

船舶建造的主要内容和一般工艺流程为:船体放样与钢材预处理→号料→船体构件加工→船体装配焊接→船舶舾装与涂装→船舶密性试验→船舶下水→系泊/航海试验与交船。

8.1.2 现代船舶建造模式

现代船舶建造模式可以理解为以统筹优化理论为指导,应用成组技术原理,以中间产品为导向,按区域组织生产,壳、舾、涂作业在空间上分道,在时间上有序排列,实现设计、生产、管理一体化,均衡、连续地总装造船(图8-1)。

成组技术是研究事物间的相似性,并将其合理应用的一种技术,它是促使现代船舶建造模式形成的主要技术基础。

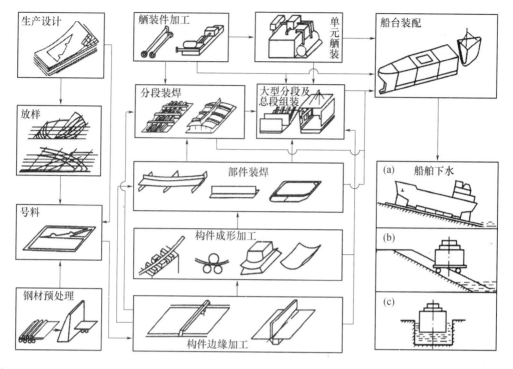

图 8-1 造船生产工艺流程

按照生产作业的性质分类成组,将船舶建造分为船体(壳)、舾装(舾)、涂装(涂)三种不同作业性质的类型,再各自分类成组作业,即壳、舾、涂一体化区域造船模式。壳、舾、涂一体化区域造船模式的建造方针是"以船体为基础、以舾装为中心、以涂装为重点",通过统筹协调,使三者有机结合,从而达到高效率、高质量、短周期、确保安全的造船目标。

8.1.3 船舶建造的准备工作

在船舶建造前,必须做好充分的准备工作。准备工作的主要内容包括技术准备、生产准备、材料和设备准备、作业场地和设施准备、人员与管理准备等。

1. 技术准备

技术准备包括船舶建造技术、舾装技术、涂装技术、焊接技术、精度控制技术、编码技术、计算机应用技术等,各技术彼此相互支撑、相互协调、相互补充,有机地结合为船舶建造之用。

2. 生产准备

生产准备是指开工前通过对生产要素的充分准备,以保证产品按时开工和开工后能连续有效地进行生产。

1) 设计准备

设计准备包括初步设计、详细设计、生产设计三个阶段。初步设计是在深入分析任务书和调查研究的基础上,从全局出发,提出船体、轮机、电气不同专业的各种可行方案,进行分析比较,得出一个能满足船东要求的合理的设计方案。详细设计是在上一阶段设计的基础上,对各个局部的技术问题进行深入分析,开展各个分项目的详细设计和计算,调整和解决船体、机、电各方面具体的问题和矛盾,最终确定新船全部的技术性能、结构强度、各种设备、材料以及订货的技术要求。生产设计是在确定总的建造方针前提下,以详细设计的结果,按照建造工艺阶段,施工区域和单元绘制计入各种工艺技术指标和管理数据的工作图表和施工图样,要在图样和图表中反映适合船厂建造的工艺要求。

2）工艺和计划准备

工艺准备是针对造船设计编制造船工艺流程,以便组织生产和编制生产计划。计划准备就是编制生产管理中的各种生产计划,从整体到局部,从总计划到细化的月度作业计划、日程作业计划。

3. 材料与设备准备

船舶建造需要的材料种类十分复杂,而且数量庞大。供应部门应根据原材料和主要机电设备供应交货期、大型铸锻件交货期,按计划向有关厂商进行订货。对到厂的材料和设备按照技术要求和造船用材规范进行验收和入库保管。

4. 作业场地和设施准备

根据承建船舶的需要,对专用工装和工夹模具提前进行设计、制造和订货。对船厂原有的设施,如平台、船台、滑道、船坞、码头、起吊设施和各种设备和动力供应等,根据新建造船的要求特点进行必要的扩建和改造。

5. 人员和管理准备

根据需要,对劳动组织和人员进行合理的调整和补充,对建造中应用的新技术、新工艺和特殊工艺的有关人员,以及计划补充人员进行组织和技术培训。

8.2 船体放样与号料

船体放样与号料,就是将设计部门设计的船体型线图、结构图,按1∶1或其他比例进行放样展开,以求得船体构件的真实形状和实际尺寸,然后再将这些已经展开的零件,在钢板或型材上进行实尺号料。现代造船技术船体放样主要依靠计算机完成,大多号料过程是通过编制的号料程序,使用专有设备完成的。

8.2.1 船体放样的内容

船体放样是船舶建造的第一道工序,其工作直接影响后续各道工序的施工质量,精度要求较高。

船体放样的主要内容包括船体理论型线放样、肋骨型线放样、船体结构线放样、船体构件展开、为后续工序提供资料和确定结构的工艺余量和补偿。

1. 船体理论型线放样

船体设计提供的船体型线图采用的是比例为1∶50或1∶100的图样,图样放大以后,因比例限制而隐匿的型值和光顺性难免存在误差。因此船体理论型线放样是根据船体型线图和型值表将船体型线放大并进行修改,达到投影一致和型线光顺的目的。

2. 肋骨型线放样

按照实际肋距,根据已修改光顺的理论型线图,绘制每一肋骨剖面的型线,包括肋板、肋骨、横梁、舭肘板等横向骨架和横舱壁等横向剖面图线。

3. 船体结构线放样

船体结构线放样是在肋骨型线放样的基础上补绘出全部的结构理论线或其投影线,包括船体纵向构件剖面图线和船体型线外板板缝线排列。

4. 船体构件展开

船体构件展开是将那些在投影图上不能表示出真实形状和尺寸的空间曲面等构件的实形求出,一般包括外板、甲板、内底板和纵向构件的平面展开。

5. 为后续工序提供资料

通过以上放样和展开,以数据、图形和样板等形式为号料、加工、装配、检验等后续工序提供施工依据。

6. 确定结构的工艺余量和补偿

根据船体构件不同的加工、装配和焊接方法,为最大限度消除由于各种精度问题(如焊接变形)带来的尺寸变化的影响,确定余量及补偿的数值和加放的部位。

8.2.2 船体放样、号料的方法

船体放样常用的方法有手工放样和数学放样。手工放样包括按1:1比例绘图的实尺放样和按1:10或1:5比例绘图的比例放样,比例放样的优点在于能减少放样台面积,降低放样工作劳动强度,其放样方法与实尺放样一样,只是所用的绘图比例、放样工具和技术要求有所不同,比例放样时还要绘制样板图和仿形图。数学放样则是用数学方程定义船体型线或船体型表面,建立数学模型,借助于计算机完成船体放样。

船体号料的方法根据船体放样方法有手工号料、光学号料和数控号料三种。通常,手工放样采用手工号料和光学号料,数学放样采用手工号料和数控号料。

目前,各船厂早已用数学放样取代了手工放样,这不仅使放样方法发生了根本的变化,也对号料、加工、装配等后续工序产生了深刻的影响。船体放样和生产设计结合以后,计算机能辅助人工完成船体生产设计和放样的大量工作。如船体型线的光顺,肋骨型线和结构线的放样;船体结构零件的自动生成,外板及其他构件的展开;钢材零件的套料,数控切割、号料的处理;胎架型值及分段装配数据的计算;其他数据的计算和统计(如焊缝长度、焊接工时统计、重量重心计算、下水计算等)。这些工作使传统的造船进行了巨大的革新,提高了人力、物力的利用率,创造了可观的经济效益。

8.2.3 号料和套料

1. 号料

号料作业是在钢板或型钢上画出船体构件或其展开后的真实形状,并标注船名、构件名称,以及加工及装配所需的相关符号等。随着造船技术的进步,目前绝大多数船厂船体号料工作已全部依靠计算机软件完成。

实尺放样时,号料用的是样板、样条、样箱和草图,采用手工号料方法。比例放样时,号料用的是样板图、仿形图和部分样板,采用光学号料方法。数学放样时,则分别提供"手工号料图册""型钢号料图册"和"数控号料图册",型钢号料操作简单,手工号料的零件大都是形状简单,易于手工作图完成的板材零件,形状复杂的船体零件则采用数控切割和数控号料。

2. 套料

套料作业是把若干个板厚、材质相同的构件合理地排列在一张钢板或一根型钢上,并依此进行号料,达到有效利用原材料的目的。

在手工放样时,套料作业都是手工完成的。采用数学放样以后,套料作业主要由计算机完成,称为数控套料。数控套料就是计算机以一定比例绘出船体构件的图形,并将这些图形在相同比例的钢板边框内进行合理排列,使钢材的利用率达到最高程度,以取得最好的经济效益。

8.3 船体构件加工

船体构件加工是指将钢板和型材变成船体构件的加工过程,分为钢材预处理、构件边缘加工和构件成形加工三大类。

8.3.1 钢材预处理

钢材预处理是对钢材进行机械矫正、喷砂、除锈和涂防锈漆等作业。船厂使用的钢板和型钢,由于钢厂轧制时冷却收缩不均匀或运输、堆放中的种种影响,难免出现变形,而露天存放也会使钢材发生轻微的锈蚀。因此,使用前船厂都要先对钢材进行必要的矫正和除锈,并涂上防护底漆,这个过程称为钢材预处理。

1. 钢材的矫正

钢材的矫正包括钢板的矫正和型材的矫正。

1) 钢板的矫正

钢板的矫正一般是在多辊矫平机上进行的,有 5~11 个工作辊(图 8-2),其工作原理如图 8-3 所示。

图 8-2 辊式矫平机

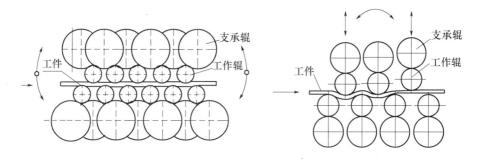

图 8-3 辊式矫平机工作原理

钢板越厚,矫正越容易;薄板容易变形,矫正比较困难。厚度在 3mm 以上的钢板通常在五辊或七辊矫平机上进行矫正;厚度在 3mm 以下的钢板通常在九辊、十一辊或更多辊的矫平机上进行矫正,若仍不能满足要求,可以辅助手工矫正;对于厚度超过矫平机加工范围的厚板,可使用液压机或三辊弯板机进行矫正。

对于已矫正好的钢板,应根据规定的技术标准进行检验。表 8-1 列出了钢板在矫正后的允许翘曲度。

表 8-1 钢板矫正后的允许翘曲度

钢板厚度/mm	3~5	6~8	9~11	12
允许翘曲度/mm	3.0	2.5	2.0	1.5

2) 型材的矫正

对于平直的型材构件,应先在型材矫直机上矫直,再进行号料和切割;对于弯曲的型材构件,因加工时要留有余量,所以不必经过矫直,可直接进行号料、切割和弯曲加工。

在没有专门的型材矫直设备的情况下,小型材可以在平台或圆墩上用手工敲击的方法来矫正;大型材可进行水火矫正,也可以在液压机上进行矫正,在液压机上矫正时需要配置符合型材形状的压模。

2. 钢材表面清理与防护

钢材表面的清理与防护是指将钢材表面的氧化皮和锈斑清除干净(即除锈),然后在除锈的钢材表面涂刷防锈底漆的工艺过程。

船厂采用的除锈方法有机械法(抛丸、喷丸和弹力敲击)、化学除锈(酸洗)、电热法(火焰除锈)和喷涂带锈底漆等。

3. 钢材预处理流水线

钢材预处理流水线是指将钢材的矫正、除锈、涂漆和烘干等机械装置,按照工艺流程用传送辊道连接起来组成的自动流水线,如图 8-4 所示。通常分为钢板预处理流水线和型材预处理流水线,也有在同一流水线上既处理钢板又处理型材的情况。

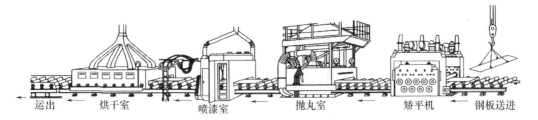

图 8-4 钢材预处理流水线

钢板预处理流水线的工艺流程：

（1）用电磁吊或自动装卸运输车将钢板吊放到输送辊道上。

（2）辊道以 3~4m/min 的速度将钢材送入多辊矫平机，对钢板进行矫平处理。

（3）矫平后的钢板由输送辊送入加热炉，使钢板温度达到 40~60℃，目的是去除钢板表面的水分，并使氧化皮、锈斑疏松，便于除去，同时可增加漆膜的附着性，且快干。

（4）钢板进入抛丸除锈机，抛丸装置自动向钢板两面抛射丸粒（丸粒可回收再使用），并用热风除去钢板表面的灰尘。

（5）钢材除锈并清洁后，进入半封闭喷漆室喷涂保养底漆，喷涂是通过装置在辊道上、下两面的自动高压无气喷涂机进行的。由电子自动控制装置操纵喷嘴向钢板表面喷涂底漆，喷嘴沿导轨迅速做横向往复运动，其速度可在 0~80m/min 范围内做无级调速。

（6）钢板离开喷漆室后，进入干燥室进行烘干，漆膜烘干方法有红外线烘干、远红外线烘干和电加热烘干等，为利于喷漆溶液的挥发，加快干燥过程，应有通风装置。

（7）钢板烘干后从干燥室出来，进入高速辊道，以 20~30m/min 的速度送出预处理流水线，经过质量检验合格后送入加工车间进行号料、加工。

钢材预处理过程中，除锈室及喷漆室充满了铁质粉尘和喷雾，应对集尘、换气、防爆等方面特别注意，必须采取相应的环境保护措施和防火、防爆措施。

8.3.2 船体构件的边缘加工

边缘加工主要指对经过号料（或套料）的船体钢材进行切割分离以及焊接坡口的加工，边缘加工的方法有机械切割法（剪切、冲孔、刨边和铣边）、化学切割法（气割）和物理切割法（等离子切割和激光切割）等。

1. 边缘切割

1）直边构件的边缘切割

直边构件的边缘切割完全是直线切割，按板厚和直边长短，可在压力剪切机（图 8-5）、龙门剪切机（图 8-6）、半自动气割机（图 8-7）和高精度门式气割机（图 8-8）上进行。压力剪切机适合剪切短的直边；龙门剪切机具有剪切效率高和剪切线准确的优点,适合剪切长的直线边缘;高精度门式气割机能够同时切割一块钢板上的四条边,也可以同时切割数块钢板。

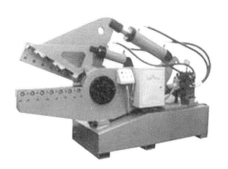

图 8-5　压力剪切机

图 8-6　龙门剪切机

图 8-7　半自动气割机

图 8-8　高精度门式气割机

船体结构中存在大量长条形零件,如扁钢纵骨、焊接丁字梁的面板和腹板、扁钢加强肋,这些平直的零件多在龙门气割机上进行切割。

2) 曲边构件的边缘加工

大量船体构件都带有曲线边缘,曲边构件的边缘加工可以用圆盘剪切机(图 8-9)进行机械切割,也可用手工割炬(图 8-10)、半自动气割机(图 8-11)、光电跟踪切割机(图 8-12)和数控切割机等切割设备进行切割。数控切割机目前在船厂的应用广泛。

图 8-9　圆盘剪切机

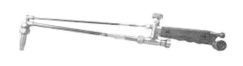

图 8-10　手工割炬

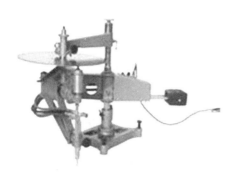

图 8-11 半自动气割机

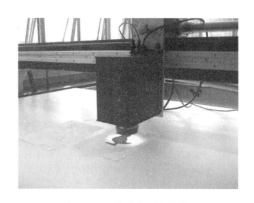

图 8-12 光电跟踪切割机

数控切割机有数控等离子气割机(图 8-13)、数控激光切割机(图 8-14)等,根据切割金属种类、切割效率、切割质量、切割厚度、切割精度等要求有不同的应用。数控切割机可以同时进行零件的号料工作,将割嘴换成号料头即可。

图 8-13 数控等离子气割机

图 8-14 数控激光切割机

数控等离子气割机的切割速度比普通气割机提高了 1~2 倍,割缝质量好,且工件热影响区小,变形小,但切割厚度受到限制。目前厚度小于 35mm 的工件都可以用数控等离子气割机进行切割,厚度大于 35mm 的零件仍要采用氧—乙炔气割。

2. 焊接坡口加工

为保证船体构件接缝的焊接质量,必须对部分构件的板边按规范进行坡口加工,坡口加工的方法通常有机械刨边(或铣边)法与气割法两种。

1) 机械刨边(或铣边)法

刨边机和铣边机都是加工船体板材构件直线边缘的专用设备。经过加工的平直船体板材构件,都可以在刨边机上刨出坡口,如Ⅰ形、V形、U形、X形等,只要更换不同的刨刀,旋转刀架至不同的角度,便可开出不同的坡口。也可在铣边机上铣出Ⅰ形坡口,供要求板材边缘平直而整洁的自动焊使用。

2) 气割法

气割法一般都是在进行构件边缘切割时,同时切割出焊接坡口。采用气割,将两个或三个割炬组合成一个割炬组,利用割炬组加工所要求的坡口形状。如图8-15所示为利用气割法加工各种焊接坡口的情况。

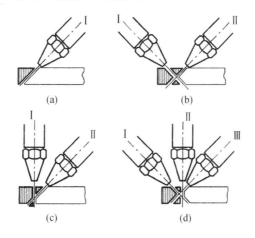

图 8-15 气割法加工各种焊接坡口

采用割炬组进行切割加工,可使船体构件的边缘加工工作(切割和加工坡口)一次完成,既简化了船体构件的加工过程,又提高了效率。这种割炬组可直接安装在半自动气割机、高精度门式气割机、光电跟踪气割机和数控气割机等自动或半自动气割设备上。

8.3.3 船体构件的成形加工

船体非平直构件较多,在边缘加工以后,还需要进行弯曲成形加工。船体构件的成形加工分为型材成形加工和板材成形加工。

1. 型材成形加工

船体结构中常用的型材有角钢和球扁钢,型材构件主要有肋骨、横梁、纵骨等,型材成形加工的方法很多,以下就以肋骨为例,介绍几种典型的成形方法。

1) 冷弯成形

目前大多数船厂都采用冷弯成形法来加工肋骨等型钢构件。肋骨冷弯成形的方法有三支点肋骨冷弯机冷弯、纯弯曲原理肋骨冷弯机冷弯、型材矫直机冷弯、三轮滚弯机冷弯(图8-16)、多模头一次成形数控肋骨拉弯机冷弯(图8-17),目前使用最广泛的冷弯成形设备是逐段进给式肋骨冷弯机。

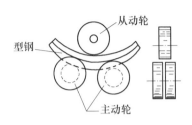

图 8-16 三轮辊弯机滚弯肋骨示意图

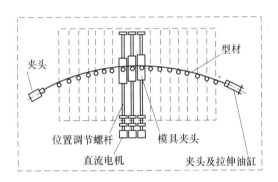

图 8-17 多模头一次成形数控肋骨拉弯机冷弯肋骨示意图

2) 热弯加工

船体肋骨热弯加工方法有大火热弯法和中频感应加热弯曲法两种。

2. 板材成形加工

船体板材成形的主要方法有机械冷弯法和水火弯板法。一般单向曲度板都采用机械冷弯法加工。复杂曲度板则先用冷弯机械加工出一个方向的曲度(该方向曲度较大),然后再用水火弯板法加工出其他方向的曲度;若批量较大,则可在压力机上安装专用压模压制成形。

1) 冷弯加工

板材构件的冷弯成形加工方法有辊弯、压弯和数控弯板等。

辊弯的主要设备有三轮辊弯机(图 8-18)、四辊弯板机,可以对圆柱形或圆锥形的单向曲度板(如平行中体部分的舷列板等)弯曲成形,也可以对双向曲度不大的板(如帆形板、鞍形板、螺形板)弯曲成形。

图 8-18 三轮辊弯机

压弯的主要设备是液压机,进行压弯加工时,必须在压头上装设压模,由压模保证板材的形状,整个压模由上模(或阳模)和下模(或阴模)两部分组成。压模按其适用范围分为通用压模和专用压模,如图 8-19 所示。通用压模能够弯制不同曲型的构件,长度为 800~1500mm;如果同形构件的批量较大,应设计制作专用压模。

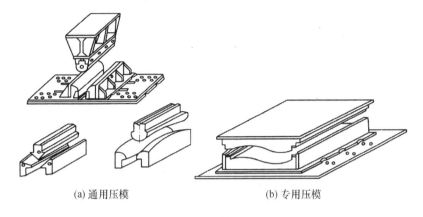

(a) 通用压模　　　　　　(b) 专用压模

图 8-19　压模的形式

将数控技术应用到钢材成形加工中,会大大提高弯板质量,减少装配和矫正工作量。图 8-20 为多压头式数控弯板机弯板原理示意图,弯板时,运用数控程序逐个自动调节下模(或上模)的各压头,改变高度,形成与所要求的钢板形状相同的曲面,并考虑回弹量。当被弯钢板定位好后,上模(或下模)的各压头下降(或上升),将钢板弯成所需的形状。

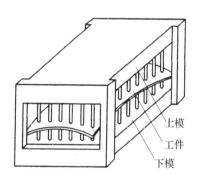

图 8-20　多压头式数控弯板机弯板原理示意图

2. 水火弯板

水火弯板工艺是我国各类船厂广泛使用的弯板工艺方法之一,90% 以上复杂曲度船壳板都可以用这方法进行弯曲加工。它是指沿预定的加热线用氧—乙炔烘炬对板材进行局部线状加热,并用水进行跟踪冷却,使板产生局部塑性变形,从而达到所要求的形状,其弯板原理如图 8-21 所示,水火弯板的冷却方式如图 8-22 所示。

除了进行弯曲成形加工外,运用水火弯板工艺还可以进行焊接变形的矫正。如丁字梁焊接变形的矫正、板架焊接变形的矫正等,一般称为水火矫正。

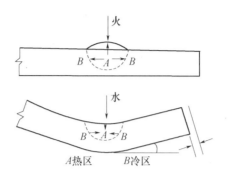

图 8-21 水火弯板原理

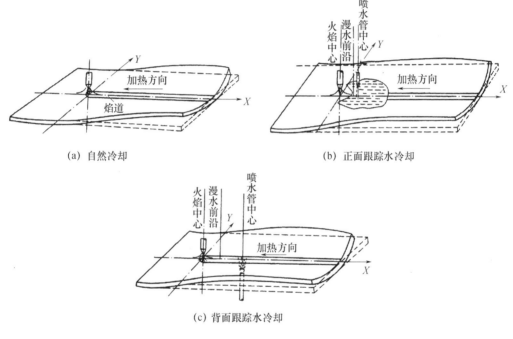

图 8-22 水火弯板的冷却方式

8.4 船体装配焊接

船体装配焊接就是将加工合格的船体零件组合成部件、分段、总段、直至整船的工艺过程。按照现代造船模式,船体装配焊接以施工顺序分为四大关键工序:小/中组立工序、分段工序、总组工序、合拢工序。

8.4.1 概述

小组立工序是指船体零件在小组立场地进行的装焊过程,具体指肘板、肋板、肋骨、纵桁、纵骨、横梁、框架等部件、组合件的安装和焊接。一般小组立尺寸和重量较小,小组立工序能降低中大组立的装配和焊接难度,并为中组立或大组立工序节约建造周期。

中组立工序是介于小组立和大组立之间的装焊过程,具体指平面及曲面拼板后装配部分零件、构件组成较大尺寸和重量的框架的过程。中组立工序既能降低大组立施工难度,又能为分段建造的精度控制提供便利,同时能为大组立节约建造周期。

分段工序(又称为大组立工序)是指完整分段装焊过程,主要由小组立、中组立组合装配焊接形成。分段制作后经过涂装,转运至总组或合拢场地,参加总组或合拢工序。

总组工序(又称为预合拢工序)是指分段吊装进船坞(或船台)前,为节约船坞(或船台)建造周期,分段与分段之间进行组装的过程。

合拢工序是指分段或总段在船坞内(或船台上)进行组装成整船的过程。

在8.4节中,主要对船体装配焊接各工序中涉及使用的重要工艺装备、各工序施工的典型工艺方法及控制方法等进行简要阐述。

8.4.2 船体装配焊接各工序使用的重要工艺装备

在船体装配焊接各工序中,使用的工艺装备多种多样,均为辅助船体装焊必不可少的装备,如厂房、吊车、焊接设备、切割设备、装配工具、打磨设备、精度检测设备、船坞或船台等。随着造船技术的发展,各个船厂均开发或采购新型工艺装备以提高生产率,在此不一一详述,仅对各工序使用的常规工艺装备予以重点说明。

1. 胎架

胎架是船体装焊过程中必不可少的装备,特别是在中组立工序、分段工序,其作用是支撑分段、保证分段形状和控制装焊变形,应具有足够的结构刚性和强度,尤其针对曲面及异形分段,胎架作为形状胎模型和工作台使用。

胎架按照功能特征分为固定胎架、活动胎架及特型胎架。固定胎架主要用于系列化程度较高的同类型建造支撑使用,一般不能调整,为大部分平面分段建造使用;活动胎架可灵活调整支撑位置和支撑高度,为大部分曲面分段建造使用;为满足异形分段的建造,也开发加工出了符合分段形状、满足施工的特型胎架,如模板胎、槽形胎等,主要用于槽形舱壁分段、大线形曲面分段建造使用。

为节约建造成本,提高胎架适用性,绝大多数国内外船厂已推广使用套管支柱式胎架,其形式如图8-23所示。这种胎架原理上属于活动胎架,由内外两根不同直径的钢管套接而成,上截钢管有支撑柱头,在内外钢管上各按不同间距钻有数排销孔,使用时按照分段胎架型值调节支柱高度,并用销轴插入销孔加以固定。

随着电子技术在造船工业的广泛应用,国内外部分船厂也开始通过数控液压装置根据分段胎架型值来自动调节胎架高度,方便使用,胎架精度更佳。

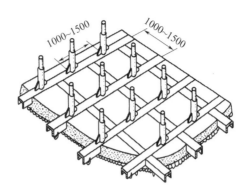

图 8-23 套管支柱式胎架

2. 焊接设备

造船常规使用的焊接设备主要包括三类：焊条电弧焊设备、二氧化碳气体保护焊设备、氩弧焊设备。下面对这三类焊接设备进行简要阐述。

1）焊条电弧焊设备

焊条电弧焊的电源设备分三类：交流弧焊电源、直流弧焊电源、逆变弧焊电源。焊条电弧焊时，欲获得优良的焊接接头，首先要使电弧稳定地燃烧。决定电弧稳定燃烧的因素很多，如电源设备、焊条成分、焊接规范及操作工艺等，其中最主要的因素是电源设备。焊接电弧是确保焊接材料能顺利起弧和稳定燃烧所需的能量，其来源于电源提供的电弧电压和焊接电流。

（1）交流弧焊电源。交流弧焊电源是一种特殊的降压变压器，它具有结构简单、噪声小、价格便宜、使用可靠、维护方便等优点。交流弧焊电源分为动铁式（BX1 系列）、动圈式（BX3 系列）和抽头式（BX6 系列）三种。BX1-300 型动铁式弧焊机是目前用得较广的一种交流弧焊机，其外形如图 8-24 所示。交流弧焊机可将工业用的电压（220V 或 380V）降低至空载电压 60~70V；或电弧燃烧时的电压 20~35V。它的电流调节是通过改变活动铁心的位置来进行的，具体操作方法是借转动调节手柄，并根据电流指示盘将电流调节到所需值。动圈式弧焊电源则是通过变压器的初级和次级线圈的相对位置来调节焊接电流的大小，图 8-25 为动圈式弧焊变压器示意图。

图 8-24 BX1-300 弧焊机外形

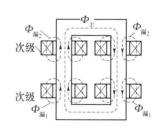

图 8-25 动圈式弧焊变压器示意图

（2）直流弧焊电源。直流弧焊电源输出端有正、负极之分，焊接时电弧两端极性不变。弧焊机正、负两极与焊条、焊件有两种不同的接线法：一种是将焊件接到弧焊机正极，焊条接至负极，这种接法称为正接，又称为正极性；反之，将焊件接到负极，焊条接至正极，称为反接，又称为反极性。焊接厚板时，一般采用直流正接，这是因为电弧正极的温度和热量比负极高，采用正接能获得较大的熔深；焊接薄板时，为了防止烧穿，常采用反接；在使用碱性低氢钠型焊条时，均采用直流反接。

常规直流弧焊电源是指整流式直流弧焊机，其结构相当于在交流弧焊机上加上整流器，从而把交流电变成直流电，如硅弧焊整流器（ZXG 系列）、晶闸管弧焊整流器（ZX5 系列）等，焊机外形如图 8-26 所示。

（3）逆变弧焊电源。逆变弧焊电源是一种新型的弧焊电源，与普通的弧焊电源相比具有体积小、重量轻、高效节能、动特性好、控制灵活等优点。如晶闸管式弧焊逆变器、IGBT 式弧焊逆变器（ZX7 系列）等，焊机外形如图 8-27 所示。

图 8-26 硅弧焊整流器直流电源

图 8-27 逆变弧焊电源

2）二氧化碳气体保护焊设备

二氧化碳气体保护焊设备有半自动焊设备和自动焊设备。常用的二氧化碳气体保护半自动焊设备主要由焊接电源、焊枪及送丝机构、二氧化碳供气装置、控制系统等部分组成，如图 8-28 所示。

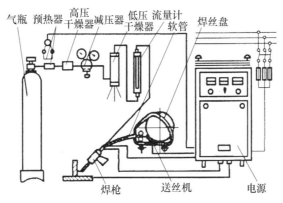

图 8-28 二氧化碳气体保护半自动焊设备示意图

(1) 焊接电源。由于二氧化碳气体保护焊的电流密度大,二氧化碳气体对电弧有较强的冷却作用,并且在不同的送丝条件下,必须依靠电弧自身的调节作用使电弧达到稳定状态,所以二氧化碳气体保护焊要求电源的外特性为平特性或上升特性,且必须使用直流电源。

(2) 焊枪及送丝机构。二氧化碳气体保护半自动焊的焊丝送给为等速送丝,其送丝方式有拉丝式、推丝式和推拉丝式三种,如图8-29所示。

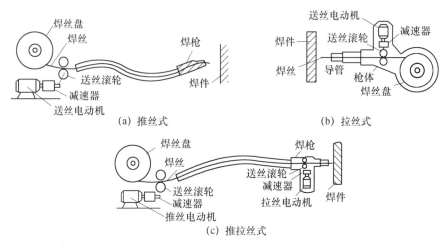

图8-29 二氧化碳气体保护半自动焊送丝方式

在拉丝式中,焊丝盘、送丝机构与焊枪连在一起,故不必采用软管,送丝较稳定,但焊枪结构复杂,重量增加。拉丝式只适用细焊丝(直径为0.5~0.8mm),操作的活动范围较大。

在推丝式中,焊丝盘、送丝机构与焊枪分离,因而焊枪结构简单,重量减轻,但焊丝通过软管时会受到阻力作用,故软管不能过长或扭曲,否则焊丝不能顺利送出,影响送丝的稳定。推丝式所用的焊丝直径宜在0.8mm以上,其焊枪的操作范围为2~4m。目前,二氧化碳气体保护半自动焊多采用推丝式焊枪。

推拉式送丝具有前两种送丝方式的优点,焊丝送给时以推丝为主,而焊枪内的送丝机构起着拉直焊丝的作用,可使软管中的送丝阻力减小。因此增加送丝距离和操作的灵活性,但焊枪及送丝机构较为复杂。

(3) 二氧化碳供气装置。二氧化碳供气装置由气瓶、干燥器、预热器、减压器和流量计等组成(图8-28)。

因为瓶装的液态二氧化碳气化时要吸热,其中所含水分可能结冰,所以需经预热器加热,并在输送到焊枪之前,应经过干燥器吸收二氧化碳气体中的水分,使保护气体符合焊接要求。减压器是将二氧化碳气体调节至0.1~0.2MPa的工作压力,流量计时控制和测量二氧化碳气体的流量,以形成良好的保护气流。

(4) 控制系统。二氧化碳气体保护焊控制系统的作用是对供气、送丝和供电等部分实现控制,二氧化碳半自动焊的控制程序如图8-30所示。

图 8-30 二氧化碳气体保护半自动焊控制程序方框图

目前,定型生产的 NBC 系列二氧化碳半自动焊机有 NBC-299 型、NBC1-300 型、NBC1-500 型。

3) 氩弧焊设备

氩弧焊包含手工钨极氩弧焊和自动氩弧焊。手工钨极氩弧焊设备包括主电路系统、焊枪、供气系统、冷却系统和控制系统等部分,如图 8-31 所示。自动氩弧焊设备除上述几部分外,还有等速送丝装置及焊接小车行走机构。

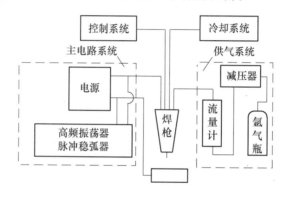

图 8-31 手工钨极氩弧焊设备系统图

(1) 主电路系统。主电路系统主要是焊接电源、高频振荡器、脉冲稳弧器和消除直流分量装置,交流与直流的主电路系统部分不同。

手工钨极氩弧焊的电源外特性宜选用具有陡降外特性的焊接电源,一般焊条电弧焊的弧焊电源,可供钨极氩弧焊使用。交流钨极氩弧焊的主电路系统由焊接变压器、高频振荡器、脉冲稳弧器和电解电容器等组成,而直流钨极氩弧焊的主电路系统较为简单,由直流电源附加高频振荡器即可使用。

(2) 焊枪。氩弧焊焊枪的作用是夹持电极、导电和输送氩气流。手工焊焊枪手柄上装有启动和停止按钮。焊枪一般分为大型、中型、小型三种,小型的最大焊接电流为 100A,大型的可达 400~600A,采用水冷却。焊枪本体用尼龙压制,具有质量轻、体积小、绝缘和耐热性能好等特点。焊枪的喷嘴是决定氩气保护性能的重要部件,常见的喷嘴形状如图 8-32 所示。圆柱带锥形或球形结尾的喷嘴保护效果最佳,氩气流速度均匀,容易保持层流;圆锥形喷嘴因氩气流速度变快,保护效果较差,但这种喷嘴操作方便,熔池可见度好,焊接时也经常使用。

(3) 供气系统。氩弧焊的供气系统由氩气瓶、减压器、流量计和电磁气阀等组成。减压器用以减压和调压;流量计是标定通过氩气流量的大小,有的气体流量计将减压器和流量计制成一体;电磁气阀是控制气体通断的装置。

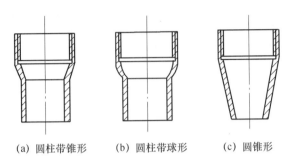

(a) 圆柱带锥形　　(b) 圆柱带球形　　(c) 圆锥形

图 8-32　常见喷嘴形状示意图

（4）冷却系统。一般选用的最大焊接电流在 200A 以上时，必须用水来冷却焊枪、电极和焊接电缆。冷却水接通并有一定压力后，才能启动焊接设备，通常在氩弧焊设备中设有保护装置—水压开关。

（5）控制系统。氩弧焊的控制系统是通过线路，对供电、供气、引弧与稳弧等各个阶段的动作程序实现控制。图 8-33 为交流手工钨极氩弧焊的控制程序方框图。

定型生产的 NSA 系手工钨极氩弧焊机的应用较为普遍，直流的有 NSA1-300 型，交流的有 NSA-300 型、NSA4-300 型、NSA-500 型，交直流两用的有 NSA2-300 型等。

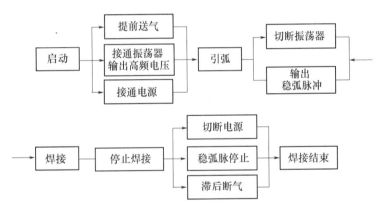

图 8-33　交流手工钨极氩弧焊控制程序方框图

4）埋弧自动焊设备

在生产中常用的埋弧焊设备有两种型号：一种是 MZ-1000 型，属于变速送丝式埋弧自动焊机；另一种是 MZ1-1000 型，属于等速送丝式埋弧自动焊机。它们基本上都是由焊接电源、控制箱和焊接小车三大部分组成。

MZT-1000 型埋弧自动焊机是按照电弧电压自动调节的原理设计的变速送丝式埋弧自动焊机，它可焊接与水平面倾斜不大于 15°的各种有无坡口的对接焊缝、角接焊缝和搭接焊缝等，并可借旋转胎架进行圆形内外环缝的焊接。该型焊机主要由 MZT-1000 型自动焊车、MZP-1000 型控制箱和 BX2-1000 型弧焊变压器三部分组成，如图 8-34 所示。

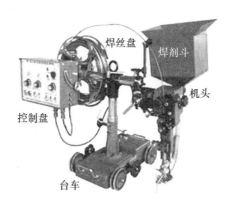

图 8-34 MZT-1000 型理弧自动焊机

3. 船体装配工具

1）量具、划线工具

量具主要有钢板尺、钢皮卷尺、角尺、卡钳等。卡钳分为内卡钳、外卡钳、八字形卡钳三种,用以测量钢材的厚度和管子直径。

划线工具是在钢材、样板等上面划线及作出标记的工具,有圆规、粉线、各种画笔（石笔、画针、鸭嘴笔）及样冲等。

2）测量工具

测量工具包括用来检查零件垂直度的线锤、测量零件水平度和垂直度的水平尺、水平软管（图 8-35）；测量构件的水平线和高度的水准仪、激光经纬仪（图 8-36）。随着造船精度检测技术的不断进步,国内外多数船厂也开始采用三维测量仪器配以三维精度测量分析软件,实现精度监测的中间过程控制。

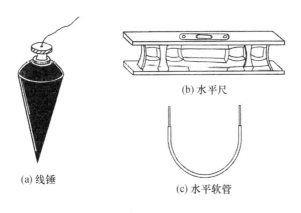

图 8-35 线锤、水平尺、水平软管

3）装配工夹具

船体装配常用的工夹具有大锤、撬杠、楔子、简易杠杆、螺旋夹具（图 8-37）,管索、螺钉、压马（图 8-38）,千斤顶、手扳葫芦、风动砂轮（图 8-39）等。

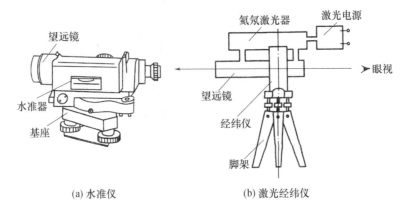

(a) 水准仪　　　　　　　(b) 激光经纬仪

图 8-36　水准仪和激光经纬义

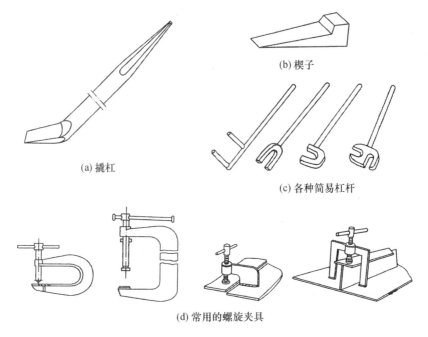

图 8-37　撬杠、楔子、各种简易杠杆、常用的螺旋夹具

4. 船坞及船台工艺装备

船体装配焊接形成整船,需要将船舶从建造区移到水域中,即完成下水。因此,船舶在合拢工序阶段,需要依靠船坞或船台。

船坞或船台是用来建造船舶和船舶下水的水工建筑物。船坞下水可将水注入建造船舶的场所,依靠浮力将船舶浮起,即漂浮式下水;船台基础多为倾斜状,船舶依靠本身重力在倾斜滑道产生分力,滑行完成下水,即重力式下水,又称为滑行下水。船台可根据下水方式(如船舶横向机械式下水)建造成水平状。

随着现代造船企业规模的不断扩大完善、船舶吨位体积的大型化,国内外众多船厂已将船坞作为船舶建造下水的常用设施,虽然船坞建造费用较高,但船坞下水不仅

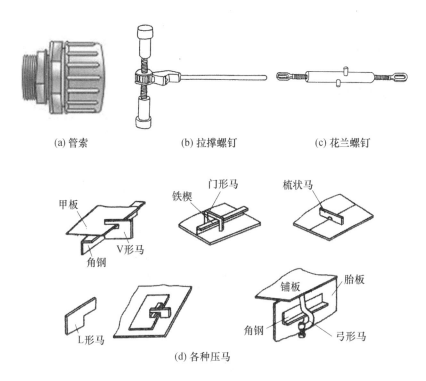

图 8-38　管索、拉撑螺钉、花兰螺钉及各种压马

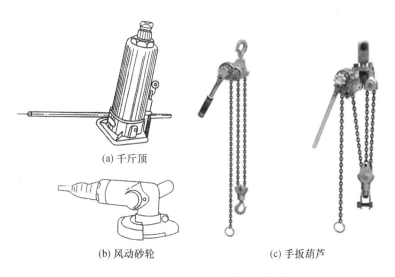

图 8-39　千斤顶、风动砂轮和手扳葫芦

简易、安全,还可有效克服船台下水工艺复杂,难以建造大型船舶等缺点,是目前解决大型船舶建造和下水、提高造船产能的较好的基础设施。

1) 船台

船台的类型有纵向倾斜船台、半坞式船台和水平船台。

如图 8-40 所示,纵向倾斜船台是一种船台平面与水平面呈一定角度(称为船台坡度)的船台,倾斜度大小通常取 1/24~1/14,其地基由钢筋混凝土构成,沿船台两侧铺设平行的起重机轨道,配置起重能力较大的起重机。这种船台的优点是船舶建造与下水在同一位置,建造场地比较紧凑,一般情况下不必移船,不需要专用的移船装置。纵向倾斜船台通常与纵向涂油或钢珠滑道结合使用,目前国内多数船厂仍在使用,但建造的船舶总吨位、重量、主尺度将受一定限制。

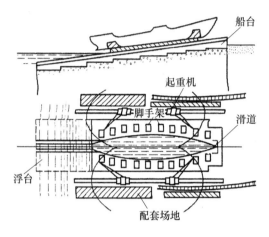

图 8-40 纵向倾斜船台

图 8-41 所示,半坞式船台是纵向滑道和倾斜船台派生出来的一种新式船台,即在使用纵向滑道的倾斜船台上建造大型船舶时,为了充分利用船台水上部分,又不使船台前端部超出厂区地面过高过长,在滑道后端加一坞门,建造船舶时,关闭坞门,将水抽干,即可进行船舶总装作业。半坞式船台滑道通常采用钢珠下水装置。

图 8-41 半坞式船台

水平船台是船台平面与水平面平行的船台,其地基上铺设供船台小车(或随船架)移动的钢轨。这种船台的优点是船舶呈水平建造,船体总装时的运输、划线、安装、定位、测量和检验等工作都比倾斜船台方便,且下水安全可靠,而且能排列多个船位,装焊工作方便,并可以双向使用,能下水也能上排。水平船台通常与机械化滑道、升船机、浮船坞等下水设施结合使用,常见于中小型船舶修造厂。

2)船坞

如图 8-42 所示,船坞低于水面,端面设有闸门,船舶建造时闸门关闭,将船坞内水抽干,船舶在无水状态下完成合拢成形。船坞主要由坞底、坞墙、坞门和水泵站等组成。船坞内可增加使用分隔坞门(即中间坞门)将坞室分隔,这样可对某部分坞室注水漂浮已建好船体总段,实现几个总段再次漂浮座墩后二次合拢,有效提高船坞利用率。由于坞底低于地平面,降低了分(总)段的起吊高度,一般横跨船坞两侧配备大起重能力的龙门式起重机,使得船坞建造机械化程度大大提高,与船台建造船舶相比,船坞内船舶的建造周期显著缩短,并简化船舶下水工艺,适合大型船舶建造。

图 8-42 造船坞

3) 其他

为保证船舶在船坞及船台总装作业的顺利进行,需配备必备的辅助设施,如脚手架及吊板、支撑墩及墩木、动力供应设施(包括电力、压缩空气、氧气、乙炔、水及蒸汽等)、起重吊车(主要包括塔吊、龙门式吊车)等。对水平船台来说,需要额外拥有专用机械移船设备等。

8.4.3 船体装配焊接各工序施工工艺方法

1. 小/中组立工序

船体零件预装焊接成小/中组立,使得后道建造工序——分段工序的建造效率得到极大提升。小/中组立工序能将大部分立体装配焊接工作前移至平面阶段,大大改善劳动条件、提高装焊质量和效率,为之建立的专用小/中组立生产线为实现装焊过程机械化提供条件,有效缓解分段建造周期压力。小组立是将切割后零散的零件装配焊接组成较大组合件。小组立主要组成包括肘板、肋板板架、丁字梁、桁架板架、平面板架等,如图 8-43 所示。

中组立是由小组立之间装配焊接组成的,形成较大板架立体结构。中组立主要组成包括平面板架、半立体板架、曲板板架等,如图 8-44 所示。

所有小/中组立的组成并非一成不变,需要根据分段建造方法、建造场地面积、起重及运输条件综合评估进行划分。目前随着造船技术的不断提升,数控切割技术已得到广泛应用,它不但切割精度高,还可在板材零件上实现数控自动划线,避免人工划线偏差,提升划线精度,降低劳动强度,在小/中组立建造中应用较广。

小/中组立在装配焊接过程中,为了控制焊接变形,焊接时采用间断焊、退焊、对称焊等多种焊接方法相结合的方式,有效解决了焊接变形问题。但变形量较大时,一般采用背烧、敲击等方法进行矫形。

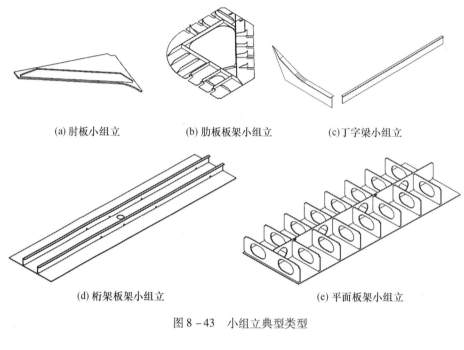

(a) 肘板小组立　　(b) 肋板板架小组立　　(c) 丁字梁小组立

(d) 桁架板架小组立　　(e) 平面板架小组立

图 8-43　小组立典型类型

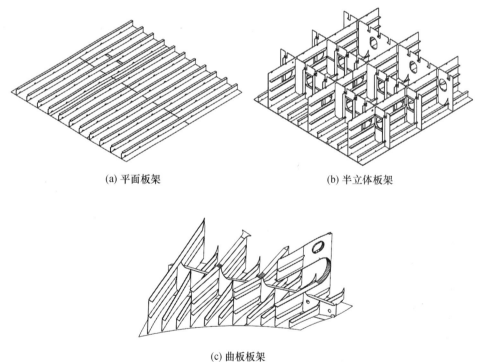

(a) 平面板架　　(b) 半立体板架

(c) 曲板板架

图 8-44　中组立典型类型

对小/中组立建造完成后的精度检验一般采用内部检验为主,检验的精度标准与分段精度检验标准相同。

2. 分段工序

1）分段类型

分段是船舶船体结构合拢的基本单元。船体分段按照所属船舶位置区域，可分为货舱分段、机舱分段、首部分段、尾部分段、上层建筑分段；按照其外形特征可分为平面分段、曲面分段。平面分段和曲面分段中根据结构形状的不同，又可细分为单壳平面分段、立体平面分段、单壳曲面分段、立体曲面分段，如图8-45所示。

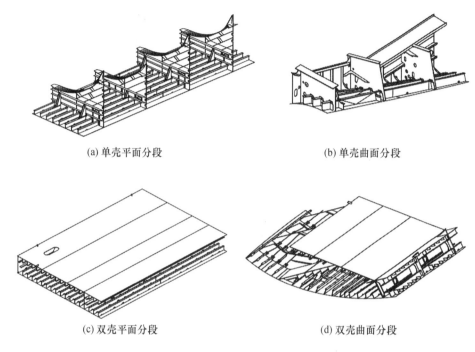

(a) 单壳平面分段　　　　　　　　(b) 单壳曲面分段

(c) 双壳平面分段　　　　　　　　(d) 双壳曲面分段

图8-45　分段类型示例

2）分段基本建造方法

在分段建造之前，首先应确定分段建造时采用的建造方法。如图8-46所示，建造方法按照装配基面分为正造法、反造法、侧（卧）造法三种。

（1）正造法。正造法即分段建造时的位置与其在实船上的位置一致。这种建造方法的优点是施工条件好、线型易保证，缺点是胎架复杂，划线工作量大，且存在一定的安全隐患，通常适用于船舶货舱及机舱区域的底部分段。

（2）反造法。反造法即分段建造时的位置与其在实船上的位置相反。这种建造方法的优点是胎架简单，装配结束直接翻身可改仰焊为平焊，一定程度上可提高生产效率；缺点是施工条件稍差、曲面板上扣控制难度大，易产生精度超差。这种建造方法通常适用于大曲度的双层底部分段、甲板分段、机舱分段、上层建筑分段等。

（3）侧（卧）造法。侧（卧）造法即分段建造时的位置与其在实船上的位置成一定的角度或垂直。其优点是可有效的改善施工条件，缺点是胎架支设困难。这种建造方法的建造范围最广，通常适用于舷侧分段、纵/横舱壁分段、首/尾柱分段等。

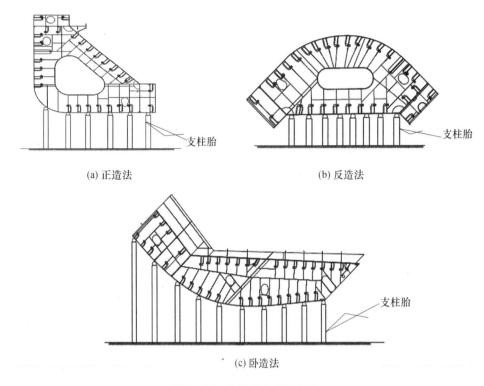

图 8-46 分段基本建造方法

3）分段制造过程中的精度要求和检验方法

（1）胎架检验。胎架是船体分段装配焊接必需的工艺装备，它的作用是使分段的装配焊接工作具有良好的施工条件。特别对中小型船舶，船体线型变化大，船体钢板薄，要求胎架具有足够的强度和刚度来控制分段的外形，所以要求胎架的制造必须准确，在分段制造前，应对胎架认真检查，胎架精度标准见表 8-2。

表 8-2 胎架精度标准　　　　　　　　　　　　　　（单位：mm）

项目	标准范围	备注
胎架十字基准线构成的最大对角线相对差	2	
胎架水平基准线	±1.0	
模板、支柱安装位置线相对胎心	±1.0	平台除外
模板、支柱焊后垂直度	≤3.0	
模板线型、支柱高度与数据	±2.0	

（2）划线检验。分段划线位置的正确与否决定了上胎板、零/部件等装配焊接位置的准确性，所以分段划分线是保证分段高精度建造的关键环节。划线范围主要包括中心线、检查线、基准网络线、结构安装位置线。所有划线均需要与图样标注的理论线相吻合，必须控制在一定精度范围内。零件划线尺寸偏差标准见表 8-3，分段划线尺寸偏差标准见表 8-4。

表8-3 零件划线尺寸偏差标准 （单位：mm）

项目		标准范围	允许极限	备注
长度		±2.0	±3.0	
宽度		±1.5	±2.5	
对角线		2	3	
曲线外形		±1.5	±2.5	
直线度	$L \leq 4m$	≤1.0	≤1.2	指零件的直线边缘
	$4m < L \leq 8m$	≤1.2	≤1.5	
	$L > 8m$	≤2.0	≤2.5	
角度		±1.5	±2.0	以每米计算
开孔切口		≤1.5	≤2.0	
线条宽度		≤1.0	≤1.5	

表8-4 分段划线尺寸偏差标准 （单位：mm）

项目	标准范围	允许极限	备注
平面分段划线与图样尺寸偏差	±2.5	±3.5	
分段上构件划线位置与图样标注位置的偏差	±2.5	±3.5	

（3）分段装配过程检验。在船体分段装配过程中，需要对过程进行检验，以保证最终分段建造精度。单壳的平面及曲面小型分段（或中组立板架）装配偏差标准见表8-5，立体分段装配偏差标准见表8-6。

表8-5 单壳的平面及曲面分段装配偏差标准 （单位：mm）

项目		标准范围	允许极限	备注
分段宽度	平面	±2	±4	
	曲面		±5	
分段长度	平面	±2	±4	
	曲面		±8	
分段正方度	平面	3	5	指最终划线的对角线
	曲面	5	10	
分段扭曲度			20	在横梁或桁材面板上测量

表8-6 立体分段装配偏差标准 （单位：mm）

项目	标准范围	允许极限	备注
分段宽度	±4	±6	切去超出长度
分段长度	±4	±8	
分段四角水平	±5	±8	
分段高度	±4	±6	

(续)

项目		标准范围	允许极限	备注
骨架垂直度		±3	±4	
上、下平面的中心线差	平面立体	≤2	≤4	
	曲面立体	≤6	≤8	
上、下平面的肋位线差	平面立体	≤2	≤4	
	曲面立体	≤6	≤8	
分段扭曲度(指大型刚性立体分段)	平面立体	10	15	测量方法：在主要平面上，以三点做成平面，然后测量另一点对该平面的偏差
	曲面立体	10	20	
同一水平结构的高度			±5	
两个水平面结构间的高度			10	

（4）分段完工检验。分段完工检验是分段在完成全部施工，包括对分段进行尺度和外形测量之后的完整性检验，它是船体建造过程中必须检验的项目，检验分段数量是按分段划分图中分段的数量进行的。

完工检验包括工厂检验部门、工厂报请验船部门和船东的检验。工厂检验部门在每个分段报验之前必须先自行检查，并提出检验意见，待施工部门修复后再由检验员验收，合格后通知验船部门和船东检验。检验按质量标准进行，对不合格的项目，用工艺符号在相应位置标出，难以用工艺符号表达的意见，可在舱壁或显眼的位置用文字逐条写明并签名，写上检验日期。事后，检验员应及时督促施工部门尽快将遗留缺陷修复，并认真复验。

4）典型分段制作示例

图8-47为普通双层底分段建造装配顺序图示，分段装配顺序及装配要点说明如下：

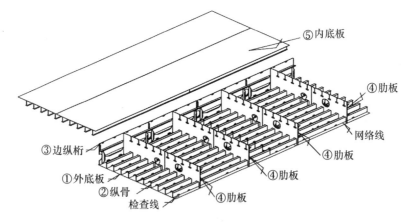

图8-47 双层底分段建造装配顺序示例

（1）外底板上胎后应先拼板，拼板时应以中心板定位，两侧外底板依次对位，然后划出整张胎板边框线。拼板时应注意板缝位置的平整度，不能出现板头错边现象。

拼板结束后进行板缝的焊接,常用的焊接方法主要有自动焊和半自动焊。

(2) 划线、装配纵骨。划线前应先用激光经纬仪或测量对角线的方法划出检查线,然后以检查线为基准划出各结构线、网络线等,检查线和网络线应做好永久标记,便于完工检测和合拢时使用。划线结束后进行纵骨的装配焊接,纵骨的装配可借助一些定位工装进行施工。

① 依次装配纵桁、肋板。肋板的装配应先中间后两边,装配时应对构件尺寸、位置等精度进行过程控制。

② 纵桁、肋板装焊结束后,吊装内底板板架,形成完整分段。分段的焊接应遵循先立焊后平焊的原则,对应力集中区需进行背烧,提前做好反变形。分段焊接结束后对分段的精度进行检测,主要检测项目有分段的水平度、同面度、垂直度、分段总长、半宽等,检测合格后方可下胎。

③ 此类分段亦可反造,即以内底板为胎,将纵骨、纵桁、肋板装配焊接结束后,将外底板吊装至分段上,待分段整体装配焊接结束后,将分段翻身。具体施工步骤与正造相似。

图 8-48 为某型船货舱区带有曲型外板的舷部分段建造装配顺序图示,装配顺序及装配要点说明:

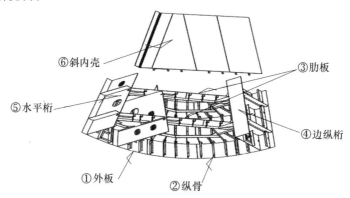

图 8-48 曲型舷部分段建造装配顺序示例

(1) 支胎、外板上胎拼板并焊接板缝。支胎时应严格按照支柱胎架图给出的支胎数据施工,做好地心线,并将地心线过渡到外板上,以地心线为基准划出其他结构线。在接板和焊接过程中,为保证外板的线型,应提前做好胎架反变形或外板固定。

(2) 依次装配焊接纵骨、肋板、边纵桁、水平桁,装配焊接结束后吊装斜内壳。因此类分段线型较大,在保证分段水平度、同面度的同时,还要保证分段首尾口的保型值,常用的检测方法有拉尺测量法,因舷部分段有两处强应力区,所以应保证"三心对位区域"的精度。

(3) 此类分段亦可反造,即以斜内壳为胎,依次装配焊接纵骨、肋板、边纵桁、水平桁装配焊接结束后,将外板一块一块的吊装到分段上,待分段装配焊接结束后,整体翻身下胎。

3. 总组工序

为了节约船坞（或船台）建造周期，根据总组及合拢场地配置的起重机能力和场地面积实际使用情况，将相邻分段与分段之间进行组装成总段。

根据船舶不同区域划分，货舱区总段主要分为底部总段、舷侧总段、甲板总段等；机舱区总段主要分为主机平台总段、泵舱总段、机舱平台总段等；尾部区总段主要分为：尾轴总段、舵机平台总段、挂舵臂总段等；首部区总段主要分为首楼甲板总段、锚系区总段、球鼻首总段等；上层建筑区总段主要分为居住区总段、烟囱区总段。

各总段组成并非一成不变，例如，若尺寸和重量满足吊装条件，可将底部分段、舱壁分段、舷侧分段组成大型环形总段。总段组成原则是要满足一些基本条件，如设备及舾装系统区域完整化、总段总重量及结构组成满足吊装条件、能实现施工工序前移等。

分段总组成总段制造主要有正转总组和反转总组两种基本方法。总组场地一般选择围绕船坞或船台附近的水泥地面场地，总组后的总段一般不移动，直接使用船坞或船台起重机吊装合拢。

1）正转总组法

正转总组指分段在总组基面选择与船舶基面状态保持一致，正转总组的总段可直接平吊至船坞或船台参加总组。

正转总组适用于型线较平直的分段。如图 8-49 所示，以某型原油船为例，货舱区底部分段、舭部分段、横壁分段、舷侧分段，沿船长和高度方向组成一个大型总段。总组时，以底部分段为基础，依次装配舭部分段、横舱壁分段、舷侧分段。分段之间装配时，要对分段进行测量、定位，必要时按照总段尺寸进行余量的二次划线和切割，保证总组过程精度；同时配合临时工装件的焊接封固及支撑，保证总组过程安全不发生倾覆。

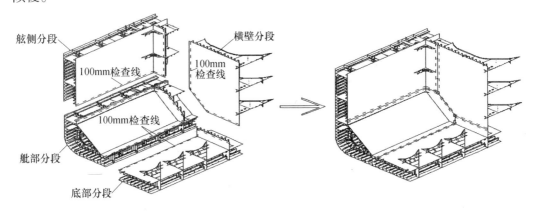

图 8-49　某型原油船底部区域正转总组法示例

2）反转总组法

反转总组指分段在总组基面选择与船舶基面反向或呈一定角度，反转总组后的总段需要起重机将总段翻转一定角度，呈现与船舶基面状态一致方可合拢。反转总组主要适用于甲板区及其他外板型线变化较大的区域（如舷侧）。如图 8-50 所示，以某型原油船为例，甲板区的边甲板、中甲板以甲板面为基面组成一个大型总段。

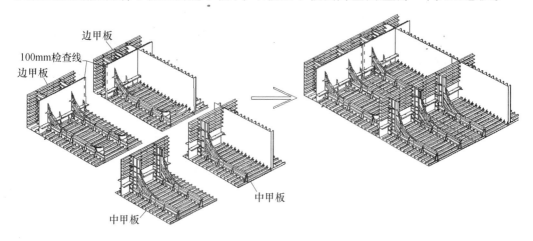

图 8-50 某型原油船甲板区域反转总组法示例

4. 合拢工序

合拢是船体装配的最后阶段，在船台或者船坞内，将总组分段按照一定顺序焊接到一起，形成完整的船舶。合拢方法的选择，需要考虑充分利用船台或者船坞的面积、现有吊装设备的吊装能力、最大限度缩短船台或船坞使用周期、有利于控制船体变形、有利于舾装、有利于涂装等因素。现在船厂常用的合拢方法有如下几种。

1）总段建造法

总段建造是建造时以环形总段作为船体总装单元的建造方法。如图 8-51 所示，首先将船中部（或靠近船中部）的环形总段（基准总段）吊装定位，然后依次吊装

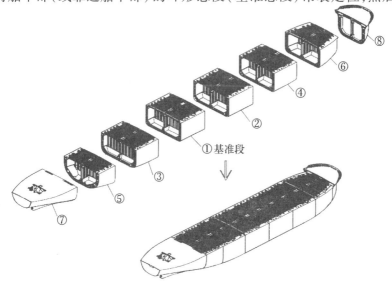

图 8-51 总段建造法

前后的相邻总段,当两个总段的对接缝结束后,即可进行该处的舾装工作。由于总段较大,刚性好,并有较完整的空间,因此能减少合拢工作量和焊接变形,提高总段内预舾装程度,并可提前进行密性试验。

对于小型船舶,总段建造法具有优越性,但总段建造法对船台或船坞的起重能力要求较高。随着生产技术的发展,船厂起重能力大大增强后,一些船厂开始在大型船舶建造中尝试使用巨型总段建造法,用于大型船舶建造,这种造船法能进一步缩短船舶坞内建造周期。

2) 塔式建造法

塔式建造是建造时以中部偏后的某一底部分段为基准分段,由此向前后左右,自下而上依次吊装各分段或总段。在建造过程中所形成的安装区始终保持下宽上窄的宝塔形状,故称塔式建造法,如图 8-52 所示。其安装方法较简便,有利于扩大施工作业面和缩短造船周期。

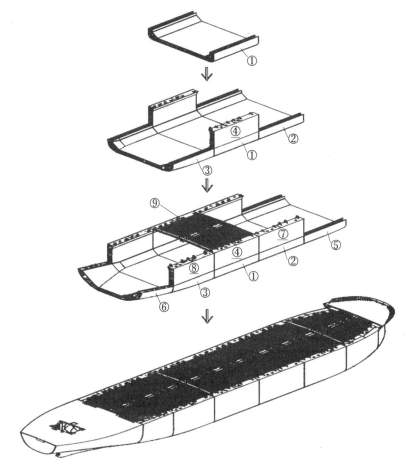

图 8-52 塔式建造法

3) 层式建造法

层式建造是建造时以船底分段为基准,以机舱区分段作为定位段,将全船分为三个层次进行装配。如图 8-53 所示,第一阶段将底部分段从尾到首连续接通形成第一层次;第二阶段将舱壁以及下舷侧分段向首尾连续吊装形成第二层次;第三阶段将上舷侧分段及甲板分段向首尾吊装形成第三层次。此法船台或船坞内工作负荷均衡,基线挠度容易控制,同类分段制造时间集中,效率高,但不利于预舾装,后期涂装工作量会有所增加。

随着造船技术的不断发展,国内外造船企业将层式建造法与塔式建造法灵活结合,形成具有船厂特色的合拢方法,最终目的都是有效拓展施工作业面、减少船坞或船台工作量、缩短船坞或船台建造周期。

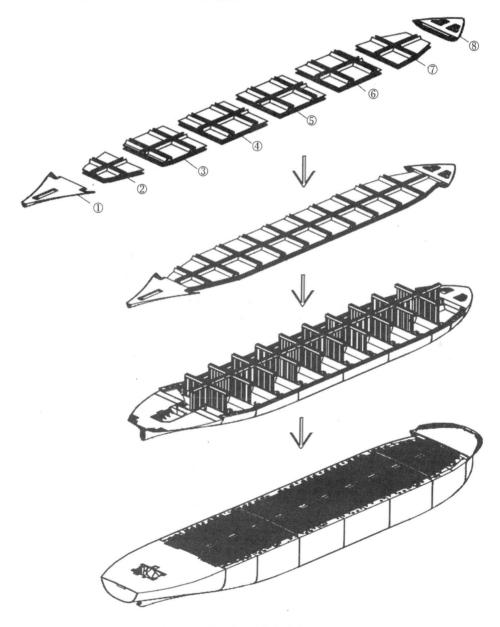

图 8-53 层式建造法

4) 岛式建造法

若将船体划分为 2~3 个建造区域，每个区域各选定一个基准段，按塔式建造法施工，区域之间最后以嵌补分段相连接，称为岛式建造，如图 8-54 所示。此法充分利用船台或船坞资源，扩大施工面，缩短船台或船坞周期，合拢装配焊接工作负荷比较均衡，分区控制船体基线挠度也不易超差，但嵌补分段施工难度较大。

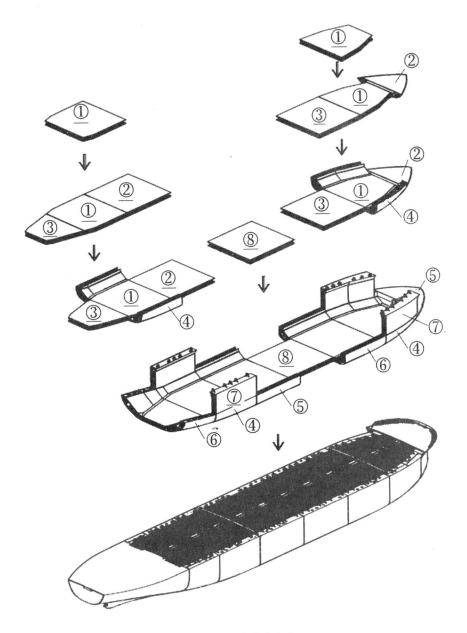

图 8-54 岛式建造法

8.5 船舶舾装

8.5.1 船舶舾装的定义

"舾装"一词最早出现在20世纪70~80年代,原意系指在码头系泊期间船舶安装内部构件和设备的工作过程,这一部分设备统称为"舾装件"。后来,"舾装"是指除了船体建造工程以外的所有船舶工程的总称。

8.5.2 船舶舾装的分类

船舶舾装按照船舶区域和作业工种划分为船装、机装和电装三大类。

1. 船装

船装是指船体舾装,包括除机舱设备和全船电气以外所有的舾装安装和处理工作,它还可细分为内舾装和外舾装两类。

（1）内舾装。内舾装是指上层建筑内各种船员或旅客住室和各种专用舱室内的舾装件或舾装单元的安装作业。舱室舾装主要包含机舱围壁、上层建筑外围壁和露天甲板等的防火、绝缘、舱室分隔、家具与卫生设施预制和安装以及厨房、冷库、空调机房设施的安装。

（2）外舾装。外舾装（甲板舾装）是指除机舱区域和住舱区域以外所有区域的舾装工作。外舾装作业遍布全船,包括救生设备、系泊设备、锚设备、舵设备、拖带和顶推设备,以及桅杆、气动撒缆枪、梯子、栏杆、关闭设备等。大部分是敞开作业甲板顶面、桅杆上部等属于高空作业,锚链舱则属于狭窄舱室作业。

2. 机装

机装是指机舱舾装,主要包括机舱内各种船舶设备的安装和调试。机装作业大体上分为舾装件装焊和机械设备安装调试两类。作业内容包括轴系装置和主机的安装和校中,各种辅机和锅炉的安装;机舱管系、机座、油水箱柜的安装,机舱格栅、梯子、扶手、起重梁和吊环等的安装;机舱机修机床的安装以及机舱和设备的绝缘工作等。

3. 电装

电装是指电气舾装,包括船上电缆的铺设以及电气设备的安装、接线、检查和调试等作业。作业内容有装配焊接电气设备和电缆的紧固件、贯穿件以及密封装置,铺设电缆、电气设备接线及设备填料密封,舱壁和甲板电气密封装置的密封,电缆端头的加工和接线,电气设备的试验和调试等。

按照舾装施工阶段划分,电装主要分为传统的码头舾装和现代的预舾装两类。预舾装还可以细分为单元舾装、分段舾装、船上舾装等,如图8-55所示。与此对应的生产准备与生产管理阶段为:舾装件的设计、采办—托盘化管理—单元组装—分段舾装—船上舾装—动车和试验,每个阶段还可以根据需要设若干个小阶段。

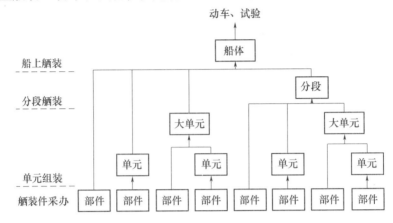

图 8-55　舾装工艺阶段及流程

另外,还可按照舾装件材质种类划分为铁舾、管舾、木舾和电舾等;按照采购方式可以划分为自制件、外协件和外购件等。

8.5.3　船舶舾装的内容

船舶舾装的内容一般包括:机舱内各种装置、系统和属具、船上控制船舶运动方向、保证航行安全和营运作业所需要的各种设备和用具等。船舶舾装内容庞杂,按功能可分为十大类。

（1）机舱设备。机舱设备是指船上产生动力用的各种设备和附属设施(即动力装置),包括主机、轴系装置和各种辅机、锅炉装置等。

（2）航海设备。航海设备是指船舶航海用的各种设备,包括各种航海仪器,电信设备以及声光和旗等信号装置。

（3）舵设备。舵设备是指船舶操纵用的设备,包括舵叶、舵轴、舵柄、舵机和转舵机构等。

（4）锚设备。锚设备是指船舶在锚地停泊用的设备,包括锚机、锚链、掣链器、导链轮、弃链器、锚链管和锚等。

（5）系泊与拖曳设备。系泊与拖曳设备是指船舶在泊位停泊和在航行中拖带用的设备,包括导缆孔、导缆器、带缆桩、卷车、绞车等系泊设备和拖钩、弓架、承梁、拖缆孔、拖柱、拖缆绞车等拖曳设备。

（6）起货设备。起货设备是指船舶装卸货物用的设备,包括起货机、桅杆、吊杆、钢索、滑车、吊钩等。

（7）通道与关闭设备。通道与关闭设备是指船上通行和通孔关启用的设备,包括梯子、栏杆、各种门窗、人孔盖、舱口盖和货舱盖等。

（8）舱室设备。舱室设备是指船员生活用的各种设备,包括家具、卫生用具、厨房设备、冷库设备、空调装置等。

(9) 救生设备。救生设备是指船舶在海难中救生用的设备,包括救生艇、吊艇架、起艇机、救生筏、救生圈和救生衣等。

(10) 消防设备。消防设备是指船上发生火警时报警和灭火用的设备,包括报警装置、自动喷水灭火系统、消防水龙、灭火器和消防杂件等。

船舶在舾装阶段除了根据要求安装各种设备以外,还需要用各种材料对船体表面直接进行工程处理,称为船体表面工程。根据工程处理的不同目的,船体表面工程可以分为防腐蚀处理、防火绝缘处理和舱室装饰处理。

(1) 防腐蚀处理。船体里外表面根据不同要求涂上各种涂料,使钢材表面与腐蚀介质隔离。同时还在船底部安装牺牲阳极或采用外加电流保护装置,使船体表面极化而免遭腐蚀。

(2) 防火绝缘处理。船体舱壁、甲板、甲板顶面和隔壁等表面涂敷防火材料或隔热隔声材料,使舱室与火源、热源和噪声源等隔离,为船员和旅客提供安全与舒适的工作和休息环境。

3. 舱室装饰处理

围壁、天花板和地板涂敷适当的涂料或敷料,或选用合适的预制板或复合板,以便美化环境,增加舱室的适居性。

8.5.4 舾装工作流程

自设计开始,根据分段的划分将全船各类舾装分解到单元预舾装、分段舾装和船上舾装施工,这其中完成了从图样设计到分段舾装成品化交验的过程,如图8-56所示。

图8-56 分段舾装流程

1. 图样设计

图样设计过程中,根据分段类型的不同,综合考虑各类舾装的施工时机,将部分舾装件拆分,如管子、梯子、人孔座圈、设备座等。形成集规格、材质、数量以及制作、配送和安装等不同种类、不同环节的舾装托盘、制作和安装图样。

2. 预制

制作单位根据设计下发的相关图样要求,进行材料采购、下料、加工、报验,并根据托盘进行配盘。

3. 配送

各安装部门根据分段图样设计要求,结合舾装托盘,按照生产施工要求,提供需求计划。制作单位根据安装部门提交的需求计划进行配送。

4. 安装

各类舾装件配送至施工现场后,各施工部门根据分段图样要求,按图样进行施工。此间,需要管工、铆工、焊工等工种完成舾装件的装配焊接作业。

5. 报验(成品化交验)

待分段阶段的舾装全部安装结束后,交由船东、船检报验和分段的总组、合拢部门施工者进行成品化验收,合格后转入下道工序。

分段舾装以船体分段为舾装区域,可以在室内或室外平台上进行安装。采用分段舾装工艺要求在船体分段划分时考虑到舾装件的区域性,分段的重量也要计入舾装件的重量,还要规定船体作业与舾装作业的工作顺序以免相互干扰。图 8 - 57 所示为一个管舾单元。

图 8 - 57　管舾单元

8.6　其　他

8.6.1　船舶涂装

船舶涂装是为了延长船舶的使用时间,对船舶用钢材进行防腐蚀处理,即对钢材和船体内外表面进行清污除锈、涂防锈漆处理。另外涂装还能起到表面装饰、标志的作用。

1. 船舶涂装的方式与施工装备

1) 涂装的方式

船舶涂装的主要方式有刷涂、辊涂、压缩空气喷涂和高压无气喷涂四种。刷涂和辊涂为手工涂装方式,压缩空气喷涂和高压无气喷涂是现代造船模式中涂装的主要方式。

2) 涂装的施工装备

手工涂装的涂刷工具主要有漆刷、漆辊、钢皮刮刀、牛角刀、塑料刮板和橡皮刮刀等;压缩空气喷涂设备有压缩空气喷枪、压缩空气供给和净化系统、输漆装置、喷漆室等;高压无气喷涂设备主要有气动式高压无气喷涂机(高压喷漆机)、高压无气喷枪和长柄高压喷枪等;涂装辅助工具主要有防爆照明灯具、高压软管、防爆风机和涂装用通风管、调漆机(搅拌器)、涂料加热器、油漆磨光机、油漆抛光机和手电筒等。

涂装用脚手架有人工搭建的脚手架和船旁电动脚手架,大中型船舶平行中体部位的除锈与涂漆作业,可采用船旁电动脚手架。涂装作业还可使用涂装作业车,它是以汽车发动机的动力来驱动液压系统,再由液压系统驱动工作臂和工作斗达到不同高度、不同位置的涂装辅助机械。涂装用活动风雨棚通常采用钢质桁架连接的结构,顶部和侧壁镶嵌玻璃钢平板,棚的底部装有滚轮及传动装置,顶部有照明设备。

船体分段的涂装可在涂装厂房内进行,厂房可分为打砂间和涂装间。打砂间的主要设备有皮带传送机、皮带提升机、打砂机、吸砂机、除尘机组、通风机、小型铲车和低压变压器等;涂装间的主要设备有除湿机、加温机组、溶剂回收设备、通风机组、防爆照明和防爆低压电源等。

2. 船舶涂装的工艺阶段

根据船舶建造的工艺程序,船舶涂装工程与船舶建造过程相适应,一般船舶涂装过程可分为钢材预处理和车间底漆涂装、舾装件涂装、分段涂装、船上涂装、完工涂装等阶段。

1) 钢材预处理和车间底漆涂装

在加工和装配之前,先对造船用的钢材进行表面预处理,除去氧化皮、铁锈和其他污物,使钢材达到规定的等级,然后喷涂一层保养底漆即车间底漆。钢材预处理使船舶在整个建造过程中都处于良好的保护状态,有利于降低二次除锈的成本。在预处理流水线上采用抛丸除锈的表面处理方法,图 8-58 所示为喷丸房的布置及分段除锈示意图,车间底漆的涂装是采用自动高压无气喷涂装置完成,是一种高效、高质量的方式。

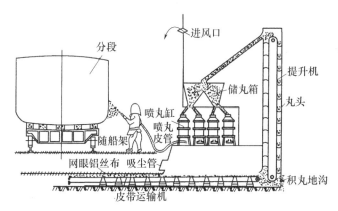

图 8-58 喷丸房的布置及分段除锈示意图

2) 舾装件涂装

大型舾装件如桅杆、舱口盖、吊货杆等,采用经过预处理并涂有车间底漆的钢材制成,其涂装往往与船体涂装相似,经过二次除锈,然后逐层涂装。小型舾装件如管系附件、电缆导架、扶手、栏杆等,采用酸洗除锈后,镀锌、镀铬、镀铜或直接涂防锈底漆。

3）分段涂装

分段涂装是船舶涂装中最重要和最基本的环节,除了特殊船舶需要特殊涂装的部位,船舶在分段阶段要进行部分或全部涂装。

4）船上涂装

船上涂装包含船台涂装、码头涂装和坞内涂装。船台涂装是指分段在船台上合拢以后直至船舶下水前的涂装作业,包含分段间大接缝修补涂装,分段涂装后由于机械原因或焊接、火工原因引起的涂层损伤部位的修补涂装,以及船舶下水前必须涂装到一定阶段或需全部结束部位的涂装。码头涂装是指船舶下水到交船前停靠在码头边进行舾装作业阶段的涂装,除了必须在坞内进行的涂装作业外,该阶段应对全船各个部位做好完整性涂装。坞内涂装是指对船体水线以下区域进行完整性涂装及码头舾装阶段来不及进行的涂装工作。

5）完工涂装

交船前的涂装作业称为完工涂装,一般在试航结束到交船之前这段时间内完成,以便让船舶面目一新地交给船东。但只要船东同意,完工涂装也可以提前进行。完工涂装包括上层建筑外围壁、甲板、甲板机械等表面的清理、补漆,以及船体外表面末道面漆的喷涂,施涂前先用清水冲洗船底部,除去盐分和泥土,干燥后先进行补漆(如首部漆膜常因抛锚试验而受损),然后再喷涂最后一道面漆。

8.6.2　船舶下水

船舶下水是指当船舶建造完工后,将其从船台或船坞移至水中。船舶下水的方式一般分为三种:重力式下水、漂浮式下水和机械化下水。

重力式下水主要指船舶在船台上,依靠船舶本身重力在倾斜滑道上产生的下滑力,并借助一定的下水设备将船舶滑移至水中。

漂浮式下水主要指船舶在造船坞内使船舶自然漂浮起来,再将其移到舾装码头。

机械化下水指用某种机械设备将船舶从建造区域移到水中。

8.6.3　密性试验

船舶密性试验是检查船体外板和有密性要求的舱室焊缝是否存在泄漏、渗漏情况的试验。常用的密性试验方法有水压试验、冲水试验、气压试验、冲气试验、煤油试验、冲油(油雾)试验等。近年来,还出现了适应分段预舾装要求的真空试验、超声波试验和X光射线试验等无损探伤试验。

1. 水压试验

水压试验是为各国船级社所认可的密性试验方法之一,即逐舱灌水并在船外观察焊缝处有无渗漏现象。其中加压的灌水又称"压水",不加压的灌水又称"摆水"。试验时,一般将水灌至规定的高度,15min后,在该压头下检查有关结构和焊缝,不应有变形和渗漏现象;当外界气温低于0℃时,则应采取加热措施,使试验介质温度保持在5℃。水压试验的合格标准为:受试舱室外面焊缝处无水滴、水珠、水迹及冒水等漏水现象。

水压试验同时可收到强度试验的效果,且其渗漏效应比较直观和明显,因而可靠安全,一般船厂均积累了较为丰富的实践经验。水压试验必须在舱室完整的情况下才能进行,通常在船台上或船坞内进行,此时会受脚手架、照明、天气、温度等的影响;舱室注水需对船体附加墩木、临时支撑等;水压试验时,试验舱顶部不应留有空气垫,需预先开好出气孔;相邻舱室要交叉注水,而每一舱室的注水和排水要消耗很长时间,使舱室内不能进行其他工作;舱室注水后,若发现严重的渗漏缺陷,必须排水,修复缺陷后,需重新注水检查;试验完毕排水后,在骨架之间留有不易排净的积水,会增加焊缝的锈蚀。因此,水压试验仅用于新设计的首制船舶中需要做强度试验的舱室,此时密性试验和强度试验可一起完成,一举两得。作为单纯的密性试验,船厂已经不大采用了。

2. 冲水试验

冲水试验也是各国船级社认可的密性试验方法之一,即在板缝一侧冲水,在另一侧观察焊缝有无渗漏现象。冲水试验的喷嘴口直径应不小于16mm,水压力应不小于1MPa,喷嘴离被试部位的距离应不大于3m;当外界气温低于0℃时,可用热水进行冲水试验;垂直焊缝应自下而上冲水;试验部位焊缝的检查面必须保持干燥。冲水试验的合格标准与水压试验合格标准相同。

冲水试验主要用于水密门和窗、舱盖、舷侧板、甲板、轴隧、舱壁、甲板室顶的露天部分和外围壁等水密构件的密性试验。由于冲水使大量自来水散失,造成船舶及船台(船坞)上环境污染,因此冲水试验已逐渐被冲气、冲油(油雾)试验所代替。

3. 气压试验

气压试验也是各国船级社认可的密性试验方法之一,即密封试验舱并充以一定压力的压缩空气(需通过减压阀充入),在焊缝的另一面涂以起泡剂(一般为肥皂液),观察有无渗漏起泡现象。气压试验的压力应不小于0.02MPa,且不大于0.03MPa;试验时一般可充气到0.02MPa,保持压力15min,检查压力无明显下降后再将舱室内气压降至0.014MPa,然后喷涂或刷涂肥皂水进行渗漏检查。气压试验的合格标准为:舱内空气压力保持15min(舰艇为1h)后,其压力下降不超过5%,焊缝检查面上的肥皂液不发生气泡。

对于全部液舱均采用气压试验的船舶,在完成气压试验后,至少应对每种结构形式的液舱中的一个做水压试验;但如验船师对气压试验结果感到满意,货船中标准高度的双层底舱和液货船中远离货舱区域的液舱可免做水压试验。

气压试验与水压试验相比,可以大大简化密性试验过程,降低成本,节省时间,效果可靠。但一定要在舱室完整的情况下进行,而且无法对舱室做强度试验;试验前要对船体结构最弱部分的受力情况进行核算,并采取限压及安全装置,以避免试验压力过高而发生舱室破损事故;查漏时,需涂起泡液,注意不能遗漏;当外界气温低于0℃时,应将起泡液加热后使用,或采用不冻起泡液。

4. 冲气试验

冲气试验是在焊缝的一侧冲气,在另一面上涂起泡剂(肥皂液),若发现起泡,即表明该处焊缝存在缺陷。我国相关规范规定:冲气试验用的气压不应低于 0.4～0.5MPa,气流直冲焊缝,空气软管末端应有喷嘴,喷嘴离焊缝间隙不大于 100mm。实践证明,冲气试验检查焊缝缺陷的敏感性胜过煤油试验,但必须确保冲气与涂肥皂液观察的协调一致;而且冲气试验除在检查角焊缝、对接焊缝时有较好的敏感性外,对检查水密舱纵骨穿过处的补板焊缝,敏感性更为突出。冲气前,应用测压表检查压缩空气管内的气压,气压必须大于或等于 0.5MPa;冲气时,喷嘴距焊缝应为 50～100mm,喷嘴必须反复来回 5 次以上,逐段冲气,反面涂起泡剂,涂起泡剂者必须与冲气者协调一致,并仔细检查焊缝上是否有起泡产生,起泡处做出标记,以便修整;肥皂液应有适当浓度,一般要求温度为 20℃;如气温低于 0℃ 时,则应采取防冻措施后,才能进行冲气。

5. 煤油试验

煤油试验也是各国船级社认可的密性检验方法之一,即在焊缝的一侧先涂白粉,然后在另一侧涂上煤油,过一定时间后观察白粉上有无油渍。试验前,在焊缝反面涂上宽度为 40～50mm 的白粉溶液,待干燥后才可检查;船体结构中煤油试验的作用时间应符合表 8-7 的规定,若试验时周围气温低于 0℃ 或焊缝为双面焊时,煤油作用时间应比所列规定增加一倍;焊缝厚度在 6mm 以下时,应在涂煤油后立即进行一次检查,并按表 8-7 中规定的时间进行第二次检查;焊缝厚度在 6mm 以上时,在涂煤油 10min 后进行第一次检查,并按表 8-7 中规定的时间进行第二次检查;在白粉层上不出现煤油痕迹者为合格。

表 8-7 煤油试验持续时间

焊缝厚度/mm	温度在0℃以上时煤油试验持续时间/min			
	水平焊缝		垂直焊缝	
	水密	油密	水密	油密
≤6	20	40	30	60
7～12	30	60	45	80
13～25	45	80	60	100
>25	60	100	90	120

煤油试验在试验前要做充分的准备工作,试验时间较长,试验后还需清除白粉,试验工作较为繁琐,大面积采用显然不够经济,多用于中小型船舶。

6. 冲油(油雾)试验

冲油试验又称为油雾密性试验,是在气雾密性试验和冲水试验的基础上发展起来的。气雾密性试验是采用喷雾装置喷射出具有一定压力的气雾,利用压力气雾的渗透性来检查船舶舱室水密性的一种密性试验方法。油雾密性试验是用煤油和压缩空气通过喷雾装置产生油雾而进行工作的,因为煤油的渗透力远比水和气雾强,所以可以像冲水试验那样进行,故称为冲油试验,常应用于分段建造中。焊缝冲油试验所用的煤油需经过过滤,清除杂质;焊缝在试验前需除去水渍、油渍、焊渣及其他覆盖物;喷油嘴口径不大于16mm,喷嘴离焊缝距离50~100mm,喷嘴移动速度为5~10m/min;管路中压缩空气的压力不小于0.3MPa;喷油后3~5min(气温在20℃以上)或10~15min(气温在20℃以下),在焊缝另一面检查有无渗漏现象。

目前各国的造船规范对密性试验几乎都有一条相同的规定,即"在船体未经密性试验之前,不应对水密焊缝进行涂刷油漆或敷设绝缘材料"。这条规定给造船厂采用分段法或总段法造船的工艺带来很大的麻烦,因为当分段或总段装配焊接完工除锈后进行涂装时,要将水密焊缝处留出,或用胶水纸覆盖住,待船台(船坞)合拢直到密性试验结束后,才可再进行涂装。这样既影响油漆效果,费时费力,又难以保证水密焊缝处的除锈、油漆质量。这条规定使大量的密性试验在船台(船坞)上进行,密性试验会受到脚手架、照明、天气、温度等的影响。密性试验直接影响着船舶建造周期和建造成本,为了解决这一矛盾,各国船厂先后在分段建造中着手对水密焊缝进行密性试验。

8.6.4 系泊试验、航行试验与交船

系泊试验是基本完工的船舶泊于码头,船厂取得用船单位和验船部门同意后,根据设计图样和试验规程要求,对船舶的主机、辅机、各种设备系统进行试验,以检查船舶的完整性和可靠性,这是航行试验前的一个准备阶段。

航行试验是将建造船舶通过试航做一次综合性的全面考核,有轻载和满载试航两种,该阶段由船厂、船东和验船机构一起进行。试航应按照船舶类型、试航规定在海上或江河中进行。试航中测定主机、辅机、各种设备系统、通信导航仪器的各项技术指标,并进行各种航行性能极限状况的试验,以检查是否满足设计要求。

1. 系泊试验

系泊试验是船舶在停靠码头的静止状态下进行的试验。船舶开始进行系泊试验应具备下列条件:管路、电路接通,燃油、滑油、液压等系统已经清理,主配电板已经完工等。在这个基础上,首先对管路和电路进行试验,管路的试验压力通常为工作压力的150%,电路的绝缘电阻必须符合有关规定,工作电压在100V以上的设备,其绝缘电阻一般要求大于1MΩ。然后,在油、水、气、电均接通的情况下,对多种设备进行试验。

1) 主机码头试车

主机是船舶推进器的动力源,是系泊试验和以后航行试验时主要的考验对象。

主机码头试车的目的是检查主机的安装质量,为航行试验奠定基础。

主机试车应具备以下条件:燃油、滑油、海水、淡水系统已验收;主机和轴系安装工作已验收;发电机组已验收,能正常供电;燃油舱和滑油舱加油,清水舱加水;码头有一定的水深。由于受码头坚固程度的影响,主机码头试车通常在低马力下进行。为了尽可能提高试验马力,位于河流边的船厂可在船舶处于逆流的条件下试车,或在船舶外侧用拖轮倒拖。

2) 发电机组的试验

发电机组为全船提供电源,分主发电机(常用)和应急发电机(备用)两组。发电机组由原动机(如柴油机)和发电机两部分组成,试验时,首先在额定负荷下平衡调节柴油机各缸,主要是调节高速时各汽缸的负荷,使它们基本相等。当柴油机调试结束后,要按柴油机的功率对发电机组做各种工况的负荷试验,以考验机组工作的可靠性。

3) 舵机的检查与试验

舵机的作用是通过对舵进行操纵来控制船舶运动方向。舵机检查的目的是确保舵机工作的可靠性和操舵的灵活性与轻便性。

舵机试验前,首先应检查舵机、传动装置及各零件安装位置的正确性,然后进行舵机运转试验,使舵机连续左右转动一定时间(1~2h),以检查舵机的安装质量和工作可靠性。试验中需测定转舵时间,即舵从左满舵到右满舵、或从右满舵到左满舵所需的转舵时间,海船的最长转舵时间应不超过30s,内河船的转舵时间应不超过15s。转舵时间越短说明操舵设备越灵活,操作越轻便。

舵机的检查还包括舵角刻度的校对,舵机上极位限制器位置与舵叶的实际极限位置对应。舵叶的实际极限位置通常应比舵机上的限制器小1.5°;另外,还需校正舵角指示器,使其与舵叶上的舵角刻度一致,电动指示器的读数偏差应不大于±1°,机械指示器的读数应不大于±2°,而零位不应有偏差。

为了确保航行安全,船上通常还备有人力应急操舵装置。检查中应确认其工作可靠性,同时需测定人力操舵时的舵叶从零位转向一舷再转向另一舷所需的时间,一般要求不超过1min;另外,在机械操舵转换为人力操舵的过程中所花的时间应不超过2min,转换时离合器应保证机械操舵在任何舵角失灵时,应急操舵都能在相应的位置接替工作。

4) 起锚设备试验

起锚设备试验包括锚和锚链的检查与试验,这些试验在上船安装前完成,当锚和锚链安装完工以后,通过试验检查整个系统的安装质量及其工作可靠性。首先做锚机运转试验,让起锚机全速空转(正车和倒车)1~2h,以检查锚机的安装质量和工作可靠性,同时要检查电动机的发热情况,调整过载保护装置、试验制动器,测定冷热绝缘电阻等,还要做防水性能试验。然后进行抛锚试验,抛锚试验通常分为机械抛锚和自动抛锚两种,分别做单抛单起及双抛双起试验。

5）锅炉点火

以柴油机为主的船舶,其锅炉的作用是产生蒸汽以供船上人员生活用热以及供主机燃油加热等。锅炉点火试验的主要内容是测定蒸发量和检验蒸汽安全阀的可靠性等。

6）倾斜试验

倾斜试验是为校核实船稳性提供依据,以检验设计计算准确性为目的,有规律地在船舶不同部位施加重量,促使船舶产生小角度倾斜,运用初稳性理论求出初稳性高度,进而确定空船实际重心位置和实际重量的试验方法。倾斜试验是通过移动重物或移动压载水的方法来测量的,如图8-59所示。

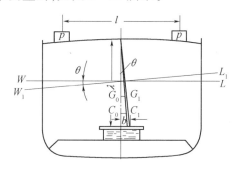

图8-59　船舶倾斜试验

7）其他试验

系泊试验除了以上试验之外,还要进行检查的试验有:航海食品的检查与试验;居住设备的检查与试验;救生设备的检查与试验;起货设备的检查与试验;系泊和拖曳设备的检查与试验;通道装置的检查与试验;关闭装置的检查与试验;声光信号设备的检查与试验;杂用辅机及其系统的检查与试验等。

2. 航行试验

航行试验简称试航。它是对所建船舶在航行状态下所做的一次全面性、综合性试验。试航前应制订试航计划,准备好必需的测试仪器和设备。试航的项目、内容、方法、程序和试航计划应该会同船级社和船东等有关方面预先商定,并由船厂、船东和验船机构三方代表组成领导小组,负责实施。试航分轻载和满载试航两种,按实际需要确定。

1）主机航行试验

（1）主机平衡试验及其调整。主机平衡试验是将主机各缸进行调整,使各缸功率接近相等,一般通过调整各缸的热工参数来实现。平衡试验是在主机全负荷的工况下,运转0.5h左右,停车前将各缸热工参数详细记录,进行比较并与原设计参数对照,如各缸参数相差太大,则需调整,方法是提前喷油或滞后喷油。

（2）主机负荷试验。在柴油机额定转速下,至少4h;在对应于正常持续功率的转速下,至少2h;在103.2%额定转速下,30min;在70%额定转速下,螺旋桨反向运行 10min。

（3）主机性能试验。主机性能试验包括操纵性能试验、使用性能试验和可靠性能试验三方面。操纵性能试验包括启动、换向、调速、限速等；使用性能试验包括最低稳定转速、临界转速、停缸试验等；可靠性能试验包括超速、倒车等。

主机航行试验后还需进行拆检。一般根据船东要求拆检 1~2 个气缸，并对缸套、活塞、活塞销轴承、主轴承、推力轴承等零件进行仔细检查，如有破损应调换或修复。必要时，再进行一次试验确认。

2）测速试验

测速试验的目的是为了确知船舶处于不同载荷状况和不同螺旋桨转数下的航速及其相应的主机功率，从而求得转数、航速、功率之间的关系。测速试验通常是使主机处于 50%、65%、75%、NCR、100% 的工况下进行，按照 EEDI 测试要求，每船至少应测量 65%、75%、NCR 三个主机工况。

测速试验是在规定的测速区域进行的。在测速时，由于受到水流、风、浪、水深等因素的影响，不可能以单次行程来决定船舶的实际速率，为使测速结果具有一定的正确性，要求在同一螺旋桨转数和同一主机功率下作一次或二次往复的测速试航，并记录海况条件和测试数据及相关状态，测试结果需要按照 ISO15016 要求的方法进行修正，由修正后的结果来决定船舶的速率。

3）操舵试验

操舵试验的目的是为了鉴定舵操纵的轻便性、灵活性及其工作的可靠性，并为驾驶人员掌握船舶的航行、回转、入港和起锚等操纵性能提供可靠的依据。试验内容包含主用操舵装置和操舵试验，备用操舵装置和操舵试验。

4）抛锚试验

抛锚、起锚及锚泊设备在系泊试验时，因码头水深的限制不能真实地显示起锚速度和最大的起锚能力，必须到足够深的水域进行试验。试验内容包含首锚抛锚试验和尾锚抛锚试验。

5）回转试验及惯性试验

回转试验主要是了解船舶在转弯时需要多大的圆弧，以回转半径或直径来衡量。试验时，使船舶在全速或常用车速时做左满舵、右满舵回转一周，测定其回转半径或直径的大小。

惯性试验是主机停止运转后，船舶自由滑行的距离。惯性试验一般做从全速前进到停止、从全速前进到全速后退、从全速后退到停止、从全速后退到全速前进四种来测定船舶滞航的时间和距离。

6）导航设备的试验

航行试验时对船舶各种导航设备的使用及性能进行测试，主要包含磁罗经、陀螺罗经、测向仪、计程仪、测深仪等的测试。

7）其他试验

航行试验中,还需对声光信号设备、船舶抗风浪能力、拖轮拖载能力等项目进行试验。

3. 交船

船舶建造完工的最终阶段是交船。交船是一项程序性工作,即通过一些移交手续,船厂将船舶交给船东使用。

经过各项性能测试,验船部门和船东及时提出需完善项目,经船厂修复后再次检查符合要求后,签字认可。船厂需将全部机电设备的备件、各工作舱室和居住舱室的设备、物件以及日常用品等,按明细清单向船东完整移交,当船东认为所建船舶已符合和满足委托建造时所签定的协议、合同和有关技术任务书的要求时,签署验收,举行交船仪式,完成交船任务。

交船任务完成后,船厂通常对所承建的船舶承担一定时间的质量保证任务,称为保证期,经过保证期后,船东无申诉或诉讼,船舶建造便告完成。

第 9 章　船体识图概述

在现代工业生产中,无论是加工零件,还是装配部件或机器,都是以图样来进行表达的。工程图样作为工程界的语言,是一切产品进行设计、制造、使用、维护、技术交流的重要技术资料。直接从事产品制造的技术工人,必须很好地了解图样的相关知识并具备较强的识图能力。

9.1　船体图样的分类

船体图样是船舶图样的一部分,是建造船舶的重要技术文件之一,通过它可以将船舶进行分解、剖析。按图样性质划分,船体图样主要有总体图样、船体结构图样、船体舾装图样、船体工艺图样四类。

9.1.1　总体图样

总体图样是表示船舶形状和全船设备布置情况的图样,包括船体型线图和船舶总布置图。

9.1.2　船体结构图样

船体结构图样表示船体结构形式和组成、构件的形状和大小,以及构件间的连接形式。其中,中横剖面图、基本结构图、肋骨型线图和外板展开图属于全船性结构图样,分段结构图和基座结构图属于局部性结构图。分段结构图按不同部位可分为底部结构图、舷侧结构图、甲板结构图、舱壁结构图、首段结构图、尾段结构图、上层建筑结构图、首柱结构图和尾柱结构图等。底部和甲板结构有时还分左右两段或左、中、右三段,舷侧分段则又分上下两段。

9.1.3　船体舾装图样

船体舾装图样包括舾装布置图和舾装结构图。舾装布置图用于表示全部舾装布置,通常有锚设备布置图、系泊和拖带设备布置图、舵设备布置图、起货设备布置图、救生设备布置图,门、窗、通道和扶梯布置图以及木作和绝缘布置图等。舾装结构图用于表示舾装件的结构,主要指钢质舾装件,通常有舵结构图、桅结构图、烟囱结构图,各种舱口盖、门、窗以及扶梯结构图等。

9.1.4 船体工艺图样

船体工艺图样是为指导船体建造和保证施工质量所绘制的图样。工艺性图样内容繁杂,各造船企业所设绘图样的形式、表达的内容和图样的数量也不尽相同,常见的有船体分段划分图、构件理论线图、分段装焊程序图、全船余量布置图等。

9.2 船体图样的特点

船体图样是工程图样的一种,绘制和识读采用的基本投影和基本方法与其他的工程图样大体一致。但船舶与一般工程产品相比,其尺寸庞大,形状结构复杂,安装设备繁多,金属船体又是由板和型材组合而成的薄壳结构,绘图时通常又采用较小的比例。因此,船体图样又不同于一般的工程图样,它在制图标准、表达内容和表达方法上有其自身的特点。

9.2.1 船体形状的表达

船体是一个具有复杂曲面的金属薄壳结构,为完整、准确地表达船体的形状和大小,设计了一张专门的图样——船体型线图。它是由能反映船体曲面变化情况的型线组成的特殊的三视图,图样中以主尺度表、型值表和标注首尾端尺寸的方法反映船体实际大小。

9.2.2 简化画法

船体外形尺度较大,而船体构件和船舶设备的尺度相对较小。为了便于现场使用,图纸幅面不宜过大,因此多数船体图样都用小比例绘制,船体构件和船舶设备在图样中的图形较小。船体构件和船舶设备的数量较多,按一般投影方法绘制时,会造成结构图、总布置图和其他设备布置图的图面繁杂,不易识读,也增加了绘图的工作量。为此船体图样中采用了多种简化画法以解决这一问题,如在结构图中用指定的图线表示特定的构件以代替构件的实际投影图,在总布置图和各类设备布置图中用简单的形象化外形表示各种设备、器具的投影。

9.2.3 尺寸标注原则

船体图样中的尺寸包括定形尺寸和定位尺寸。定形尺寸反映构件的形状和大小。由于型线图、型值表和肋骨型线图完整地表示了船体曲面的形状和大小,所以其他图样中涉及船体形状(型线)的尺寸,一般都不予标注而由型线图或船体放样确定。在结构图样中,需要标注的构件定形尺寸多采用集中标注的形式。总布置图中各类设备的定形尺寸一般不加标注。构件的定位尺寸根据 CB/T 253—1999《金属船体构件理论线》的规定以基线、中线和肋位线为基准进行标注。总布置图中设备的定位尺寸也不标注,其粗略位置可用比例尺在图样中直接量取。船舶的长度、型宽等主尺度在全船性图样中通常单独列表说明。

9.2.4 船体的剖切和断裂画法

船体是一个连续、封闭的薄壳结构,为了清晰的在图样上表达结构形式和构件形状,较多地采用了剖切表达的方法。船体的剖切表达和机械图样相比,既不同于剖视图,也不同于剖面图。船体剖面图中,除了画出被剖切到的构件,同时也要画出剖切平面附近需要表达的构件,而不是画出剖切平面后方可以看到的全部构件。大多数船体视图实际上都是将船体在某一特定位置剖切后画出的。

由于船体结构的连续性,结构相对于中线面的对称性以及船体材料的单一性(钢板和型材),船体图样中的构件常常采用断裂画法,即型钢在长度方向、钢板在长度和宽度方向予以断裂。

9.2.5 工艺信息表示

船舶生产设计提供的分段组立图,除表示分段结构外,还包含了较多的工艺信息,图样上出现了各种以图形和字母、数字形式表示的符号,这也是船体图样的一个特点。

9.3 船体制图的标准

为了便于船舶设计、生产和技术交流,需要对船体图样的表达进行统一规定。国家有关部门制定和颁布了一系列标准,其中包括国家标准和船舶行业标准。国家标准和船舶行业标准又分为强制性标准(代号分别为 GB 和 CB)和推荐性标准(代号分别为 GB/T 和 CB/T)。强制性标准必须执行,推荐性标准鼓励企业自愿采用。

标准的编号由标准代号、标准发布的顺序号和标准发布的年代号构成。与船体识图、制图直接相关的主要标准如下:

GB/T 3894—2008/ISO 1964:1987《造船 船舶布置图中元件表示法》;

GB/T 4476.1—2008《金属船体制图 第 1 部分:一般规定》;

GB/T 4476.2—2008《金属船体制图 第 2 部分:图形符号》;

GB/T 4476.3—2008《金属船体制图 第 3 部分:图样画法及编号》;

GB/T 4476.4—2008《金属船体制图 第 4 部分:尺寸注法》;

CB/T 14—2011《船舶产品专用图样和技术文件编号》;

CB/T 253—1999《金属船体构件理论线》;

CB/T 860—1995《船舶焊缝代号》;

CB*3181.1—1983《船体结构 节点、零部件》;

CB*3181.2—1986《船体结构 节点、零部件(船长小于90m)》;

第9章 船体识图概述

CB*3182—1983《船体结构 相贯切口与补板》;
CB/T 3183—2013《船体结构 型材端部形状》;
CB/T 3184—2008《船体结构 流水孔、透气孔、通焊孔和密性焊段孔》;
CB/T 3185—2005《船体结构 舷墙》;
CB*3186.1—1983《船体结构 舭龙骨》;
CB*3186.2—1984《船体结构 舭龙骨(船长小于90m)》;
CB*3187—1983《船体结构 圆弧形舷缘泄水沟》;
CB/T 3190—1997《船体结构 焊接坡口型式及尺寸》;
CB/T 3243.1—1995《船舶产品图样和技术文件管理 第1部分:术语》;
CB/T 3243.2—1995《船舶产品图样和技术文件管理 第2部分:基本要求》;
CB/T 3243.3—1995《船舶产品图样和技术文件管理 第3部分:基本格式》;
CB/T 3243.4—1995《船舶产品图样和技术文件管理 第4部分:修改规定》;
CB/T 3243.5—1995《船舶产品图样和技术文件管理 第5部分:成套性》;
CB/T 3243.6—1995《船舶产品图样和技术文件管理 第6部分:标准化检查》;
CB/T 3277—2008《船体结构钢质护舷材》。

本课程的各项学习任务中将简要介绍这些标准的内容,在具体学习和实践过程中要掌握标准全文,作为绘图和识图的依据。

第10章 船体图样的一般规定

在零件的设计、产品制造和技术交流时都离不开图样,图样是现代造船工业生产中的重要技术文件,也是进行技术交流的工具。为了便于设计、生产和进行技术交流,需要对图样的表达方法、尺寸标注及其采用的图线、符号等建立统一的规定。国家及船舶行业颁发了一系列标准,如GB/T 4476—2008《金属船体制图》系列标准及GB/T 3894—2008《造船 船舶布置图中元件表示法》等。这些标准均为船体制图的技术依据,需严格遵守。本章将介绍绘制图样时国家标准关于船体制图的一般规定、作图的基本知识等。

10.1 图纸幅面和图样比例

10.1.1 图纸的幅面及格式(GB/T 4476.1—2008)

1. 图纸幅面尺寸

为了便于对图纸的管理和绘图方便,国家标准对图纸的幅面大小做了规定,图纸的幅面包括基本幅面和加长幅面两种形式。在绘制图样时,图纸幅面的确定要考虑图样使用、装订及图纸的合理利用,应优先采用基本幅面,基本幅面的规定尺寸见表10-1。基本幅面宽度(B)与长度(L)之比为$1:\sqrt{2}$。

表10-1 基本幅面

幅面代号	A0	A1	A2	A3	A4
$B \times L$/mm	841×1189	594×841	420×594	297×420	210×297
图纸幅面/mm²	1.00	0.50	0.25	0.12	0.06
c/mm		10		5	
a/mm			25		

如基本幅面尺寸不够,必要时可加长表10-1中基本幅面的尺寸,其加长量按所选基本幅面短边的整数倍沿短边增加,如图10-1所示。所有幅面的宽度不应超过A0幅面的宽度。

2. 图框的格式和尺寸

图纸一般留有装订边,在绘制图样时,必须在图纸上用粗实线画出图框。图框中的标题栏通常位于图纸的右下角,若标题栏的长边置于水平方向并与图纸的长边平

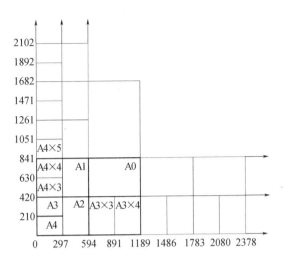

图 10-1 图纸幅面加长示意图

行,则为横放图纸,若标题栏的长边与图纸的长边垂直时,则构成竖放图纸。图框格式如图 10-2 所示,图框尺寸见表 10-1。

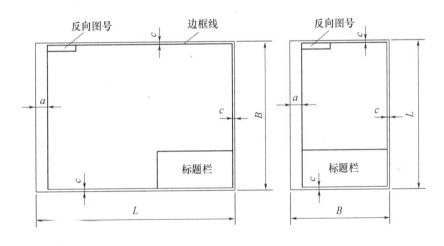

图 10-2 图框格式

10.1.2 图样比例

图样比例是指图中图形与其相应要素的线性尺寸之比。比值等于 1 的比例称为原值比例,即 1∶1;比值大于 1 的比例称为放大比例;比值小于 1 的比例称为缩小比例。

1. 比例的选用

绘图时,一般按照 1∶1 的原值比例来绘制图样,需要按比例绘制时,应根据构件的大小、表达方法和图纸的大小在表 10-2 中的选择合适的比例。

137

表 10 - 2　船体图样的比例

比例种类	采用比例				
与实物相同	1 : 1				
缩小的比例		1 : 2	1 : 2.5		1 : 5
	1 : 10	1 : 20	1 : 25		1 : 50
	1 : 100	1 : 200	1 : 250	(1 : 30)	(1 : 40)
放大的比例		2 : 1	2.5 : 1		

2. 比例的标注

比例的符号以":"表示,如1:1,1:2,2:1等。图样必须标明图样比例,同一图样统一采用一个比例时,比例标注在标题栏中的比例栏内;同一图样中各个视图的比例不同时,应将主要视图的比例标注在标题栏内,个别视图所采用的不同比例单独标注在视图名称的下方或右侧(见示例)。

示例 1：$\dfrac{A-A}{1:100}$

示例 2：平面图 1 : 100

10.2　图线及其应用

图线是起点和终点间以任意方式连接的一种几何图形,形状可以是直线或曲线、连续线或不连续线。在船体图样中,图线不仅构成图形表示船体、设备、构件的形状,在结构图样中还以指定图线代表不同构件的简化投影。熟悉图线的型式及其在船体图样中的含义,并灵活运用,在船体制图中非常重要。

10.2.1　线型

船体制图中所使用的各种图线的名称、型式及一般应用范围见表 10 - 3,图线在设备图样中的应用示例见表 10 - 4。

表 10 - 3　图线及其应用

序号	图线名称	图线型式	一般应用范围
1	粗实线	———	(1) 板材、骨材剖面简化线; (2) 设备、部件可见轮廓线(总布置图除外); (3) 名称线
2	细实线	———	(1) 可见轮廓线; (2) 尺寸线与尺寸界线; (3) 型线; (4) 基线; (5) 引出线与指引线; (6) 接缝线; (7) 剖面线; (8) 规格线

第 10 章 船体图样的一般规定

(续)

序号	图线名称	图线型式	一般应用范围
3	粗虚线	----------	不可见板材简化线(不包括规定采用轨道线表示的情况)
4	轨道线	— — — —	主船体结构图内不可见水密板材简化线(肋骨型线图、分段划分图等除外)
5	细虚线	----------	(1) 不可见轮廓线; (2) 不可见次要构件(肋骨、横梁、纵骨、扶强材等)的简化线
6	粗点画线	— · — · —	(1) 可见主要构件(强肋骨、舷侧纵桁、强横梁、甲板纵桁、舱壁桁材等)的简化线; (2) 钢索、绳索、链索等的简化线
7	细点画线	— · — · —	(1) 中心线; (2) 可见次要构件(肋骨、横梁、纵骨、扶强材等)的简化线; (3) 开口对角线; (4) 转圆线; (5) 液舱范围线; (6) 折角线
8	粗双点画线	— ·· — ·· —	不可见主要构件(强肋骨、舷侧纵桁、强横梁、甲板纵桁、舱壁桁材等)的简化线
9	细双点画线	— ·· — ·· —	(1) 非本图构件可见轮廓线; (2) 假想构件可见轮廓线; (3) 肋板边线; (4) 工艺开口线
10	波浪线 折断线	～～～ —／—	构件断裂边界线
11	斜栅线	//——//	分段界线(分段划分图除外)

表 10-4 图线应用示例

序号	图线名称	应用示例
1	粗实线	

（续）

序号	图线名称	应用示例
2	细实线	
3	粗虚线	
4	轨道线	
5	细虚线	
6	粗点画线	
7	细点画线	

(续)

序号	图线名称	应用示例
8	粗双点画线	
9	细双点画线	
10	波浪线	
10	折断线	
11	斜栅线	

10.2.2 图线的画法

图线的宽度以粗实线为基准确定,粗实线的宽度依据图形大小、复杂程度及图样的用途等综合选定,一般选择 0.35mm、0.5mm、0.7mm、1mm、1.4mm 五种形式。

绘制图样时,应注意:

(1)同一图样中同类图线的宽度应基本一致。

(2)虚线、点画线、双点画线及轨道线的线段长度和间隔应各自大致相同(图 10-3)。

(3)绘制圆的对称中心线时,圆心应为画线的交点。

(4)船体中心线被粗实线、粗虚线和轨道线覆盖时,覆盖处不画,但两端伸出来的部分仍需画出。

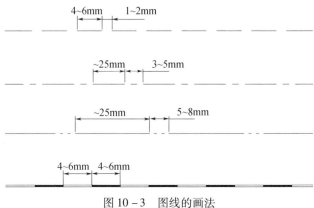

图 10-3 图线的画法

10.3 尺 寸 标 注

船体图样除了要表达的形状外,还应标注尺寸,以确定其大小。尺寸是船体加工、装配和检验的依据,尺寸标注必须完整、清晰、准确。GB/T 4476.4—2008《金属船体制图 第 4 部分:尺寸注法》对船体图样尺寸做了详细规定。

10.3.1 基本规定

(1) 构件的大小应以图样上所注的尺寸为依据,与图形的大小及绘图的准确度无关。

(2) 图样中(包括技术说明和其他说明)的尺寸,以毫米为单位时,不需要标注出计量单位的代号或名称;如果采用其他单位,则必须注明。

(3) 同一船体结构的尺寸,一般只标注一次,并应标注在反映该结构最清晰的视图上。

(4) 待定尺寸是指需经放样或在现场安装时才能够确定的尺寸。可用文字注明,如注明"放样时决定",若需进行标注,需在尺寸数字前加近似符号"~"。

(5) 船体构件的定位尺寸是指构件理论线与选定基准之间的距离。如不符合 CB/T 253—1999《金属船体构件理论线》的规定,或为避免误解时,用符号"zzzz"表明理论线位置,如图 10-4 所示。

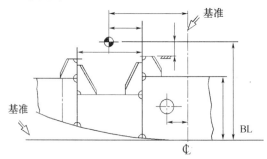

图 10-4 船体构件的定位尺寸标注

船体图样中定位基准的选择:宽度方向的基准是船体基线,也可为某一水线或甲板;高度方向的基准是船体中线,有时也为船舷;长度方向的基准是船体中站面线,也可为某一站线或肋骨线。在全船性图样中,船长、型宽等船体主要尺寸(通常称为主尺度)不直接标注在视图中,通常注写在图样上方,书写时上下行小数点对正,精确到小数点后两位,单位为米(m);形式如下:

主尺度

总长 L_{OA}——192.95m 　　设计吃水 T_d——10.20m

垂线间长 L_{BP}——184.00m　　结构吃水 T_s——11.40m

型宽 B——32.20m 　　　　　型深 D——17.20m

10.3.2 尺寸线的组成和标注

1. 尺寸线的组成

图样中的尺寸,一般应由尺寸线、尺寸界线、尺寸数字组成,如图10-5所示。

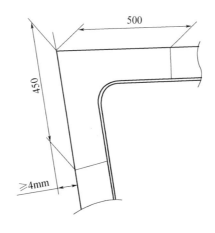

图 10-5　尺寸线的组成图例

尺寸线用细实线绘制,且平行于所标注的线段,间隔不小于4mm。不能用其他图线代替,一般也不得与其他图线重合或画在其他线的延长线上。互相平行的尺寸线,为避免互相交错,应小尺寸在里,大尺寸在外。

尺寸界线用细实线绘制,并应自构件的理论线、站线、肋骨线、轴线、中线、基线等处引出,必要时也可用这些线本身和曲线轮廓线等作为尺寸界线。尺寸界线应画成与尺寸线垂直并超过尺寸线2~3mm,必要时,尺寸界线可画成与尺寸线成适当的角度,这种情况下尺寸界线尽可能画成与尺寸线成60°。

尺寸数字一般应填写在尺寸线的上方或中断处,但应尽量采用同一种方式。当尺寸线为垂直方向时,尺寸数字应写在尺寸线的左方。

2. 尺寸的简化标注

(1)构件等距离分布时,可采用图10-6所示的方法标注。

图 10-6 构件等距分布的尺寸标注

(2) 当尺寸线的一端指向距离较远的基准平面时,为避免尺寸线过长,基准平面处的尺寸界线可以省略,而在尺寸数字前加注文字予以说明,如图 10-7 所示。

图 10-7 尺寸线过长的标注

(3) 圆和圆弧尺寸的标注,如图 10-8 所示。

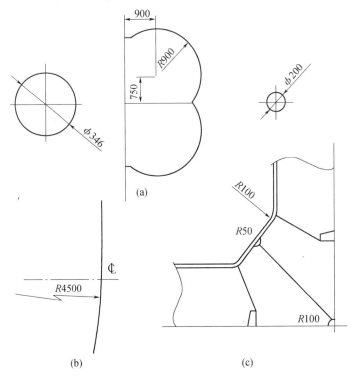

图 10-8 圆和圆弧尺寸标注

标注圆的直径和圆弧半径时,尺寸线如图 10-8(a)所示;当圆弧的半径过大或在图形范围内无法标注出圆心位置时,按图 10-8(b)的方式标注;在比例较小的图样上没有足够的位置画出箭头线或尺寸数字时,按图 10-8(c)的方式标注。在圆弧光滑过渡处标注尺寸时,要用细实线将轮廓线延伸,再从其交点处引出尺寸界线。

(4) 开孔、开口的尺寸标注。船体结构中有大量不同形状和大小的开口和开孔,如舱口、门、窗、人孔、流水孔等,其尺寸标注如图 10-9 所示。当开孔作为人孔时,则需在开孔中心线下方注明"人孔"字样;矩形开口尺寸的标注为"短边×长边",正方形为"边长×边长",用"R"表示开口四角的圆弧半径;小图形尺寸可标注在图形之外。

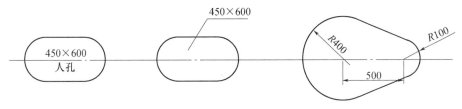

图 10-9　开孔、开口的尺寸标注

(5) 门、窗开口尺寸标注,如图 10-10 所示。窗的开口高度为开口中心到围壁下甲板上表面的垂直距离;门侧标注开口下缘距甲板上表面的最小高度;开孔位置左右居中时,尺寸不需标注;相同的开孔只需标注一个。

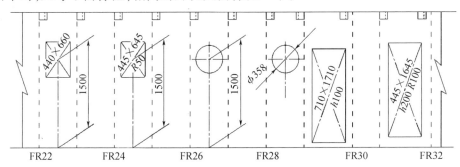

图 10-10　门、窗开口的尺寸标注

(6) 倾斜度的尺寸标注。船体某些结构的倾斜度,如烟囱和甲板室前端壁的倾斜度,应采用直角坐标法标注距离而不宜标注倾斜角度,如图 10-11 所示。

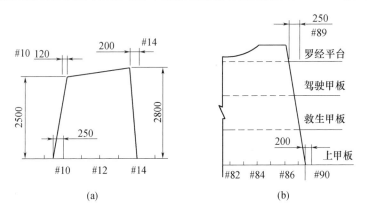

(a)　　　　　　　　　(b)

图 10-11　倾斜度的尺寸标注

(7) 曲线轮廓尺寸的标注。曲线的尺寸通常是通过标注曲线上若干点的坐标值表示的,采用直接标注法时,曲线可作为尺寸界线,如图 10 – 12 所示;采用型值表表示法时见表 10 – 5,表中给出了烟囱顶线和底线的半宽尺寸。

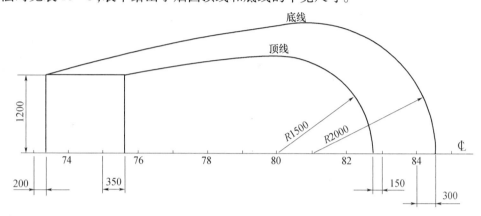

图 10 – 12　曲线的尺寸标注

表 10 – 5　型值表

名称	烟囱半宽值										
	FR74	FR75	FR76	FR77	FR78	FR79	FR80	FR81	FR82	FR83	FR84
顶线	—	—	1310	1475	1610	1685	1587	1515	1072	—	—
底线	1332	1530	1722	1890	2045	2170	2235	2200	2032	1710	10140

(8) 肋位的编号及标注。民船肋位由尾向首依次进行编号。全船性图样每隔五档肋位标注肋位号,肋距不同时,应分别标出不同区域的肋距,如图 10 – 13 所示。

图 10 – 13　肋位编号及标注

分段结构图的肋位按偶数标注,其中不满四个的肋位应全部标出,如图 10 – 14 所示。不在船体中线和基线上的肋位号,均应用"FR"或"#"标注。

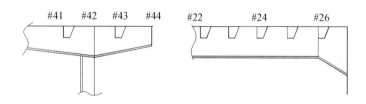

图 10 – 14　分段结构图的肋位标注

10.4 船舶焊缝代号

10.4.1 焊缝形式及形状尺寸

1. 焊缝形式

根据 GB/T 3375—1994《焊接术语》的规定,按焊缝结合形式,分为对接焊缝、角焊缝、塞焊缝、端接焊缝和槽焊缝五种。

1) 对接焊缝

在焊件的坡口面间或一零件的坡口面与另一零件表面间焊接的焊缝称为对接焊缝。对接焊缝可以由对接接头形成,也可以由 T 形接头(十字接头)形成,后者是指开坡口后进行全焊透焊接而焊脚为零的焊缝,如图 10-15 所示。

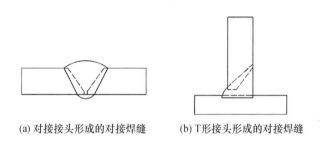

(a) 对接接头形成的对接焊缝　　(b) T形接头形成的对接焊缝

图 10-15　对接焊缝

2) 角焊缝

沿两直交或近直交零件的交线所焊接的焊缝称为角焊缝,如图 10-16 所示。同时由对接焊缝和角焊缝组成的焊缝称为组合焊缝,如图 10-17 所示。

图 10-16　角焊缝　　　　　　图 10-17　组合焊缝

3) 塞焊缝

两零件相叠,其中一块开圆孔,在圆孔中焊接两板所形成的焊缝称为塞焊缝,如图 10-18(a)所示,只在孔内焊角焊缝者不称塞焊缝。

4) 端接焊缝

构成端接接头所形成的焊缝称为端接焊缝,如图 10-18(b)所示。

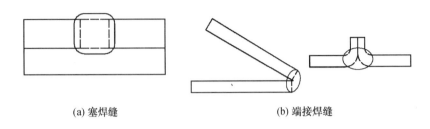

(a) 塞焊缝　　　　　　　(b) 端接焊缝

图 10-18　塞焊缝和端接焊缝

5) 槽焊缝

两板相叠,其中一块开长孔,在长孔中焊接两板的焊缝称为槽焊缝,只焊角焊缝者不称槽焊缝。

按施焊时焊缝在空间所处位置分为平焊缝、立焊缝、横焊缝及仰焊缝四种形式。按焊缝断续情况分为连续焊缝和断续焊缝两种形式。

2. 焊缝的形状尺寸

焊缝的形状用一系列几何尺寸来表示,不同形式的焊缝,其形状参数也不一样。

1) 焊缝宽度

焊缝表面与母材的交界处为焊趾,焊缝表面两焊趾之间的距离为焊缝宽度,如图 10-19 所示。

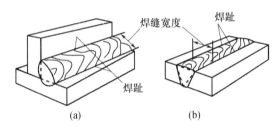

图 10-19　焊缝宽度

2) 余高

超出母材表面连线上面的那部分焊缝金属的最大高度为余高,如图 10-20 所示。

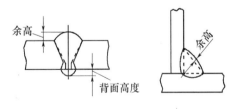

图 10-20　余高

3) 熔深

在焊接接头横截面上,母材或前道焊缝熔化的深度为熔深,如图 10-21 所示。

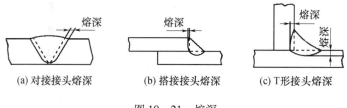

图 10-21 熔深

4）焊缝厚度

在焊缝横截面中，从焊缝正面到焊缝背面的距离为焊缝厚度，如图 10-22 所示。

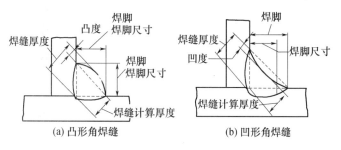

图 10-22 焊缝厚度及焊脚

焊缝计算厚度是设计焊缝时使用的焊缝厚度。对接焊缝焊透时它等于焊件的厚度；角焊缝时它等于角焊缝横截内画出的最大等腰直角三角形的直角顶点到斜边的垂线的长度，习惯上也称喉厚。

5）焊脚

角焊缝的横截面中，从一个直角面上的焊趾到另一个直角面表面的最小距离为焊脚。在角焊缝的横截面中画出的最大等腰直角三角形中直角边的长度为焊脚尺寸，如图 10-22 所示。

6）焊缝成形系数

熔焊时，在单道焊缝横截面上焊缝宽度（B）与焊缝计算厚度（H）的比值（$\phi = B/H$）为焊缝成形系数，如图 10-23 所示。

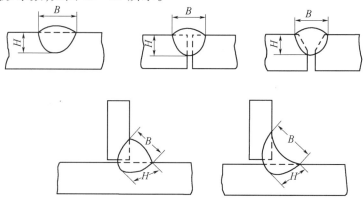

图 10-23 焊缝成形系数的计算

7) 熔合比

熔合比是指熔焊时,被熔化的母材在焊道金属中所占的百分比。

各种常用接头、坡口和焊缝的形式见表 10-6。

表 10-6 各种坡口、接头及焊缝形式

序号	简图	坡口形式	接头形式	焊缝形式
1		I 形	对接接头	对接焊缝
2		I 形	对接接头	对接焊缝
3		I 形(有间隙带垫板)	对接接头	对接焊缝
4		I 形	对接接头	对接焊缝(双面焊)
5		V 形(带钝边)	对接接头	对接焊缝
6		V 形(带垫板)	对接接头	对接焊缝
7		V 形(带钝边)	对接接头	对接焊缝(有根部焊道)
8		X 形(带钝边)	对接接头	对接焊缝
9		V 形(带钝边)	对接接头	对接焊缝和角焊缝的组合焊缝
10		X 形(带钝边)	对接接头	对接焊缝
11		I 形	对接接头	角焊缝
12		单边 V 形(带钝边)	对接接头	对接焊缝
13		单边 V 形(带钝边、厚板削薄)	对接接头	对接焊缝
14		单边 V 形(带钝边)	对接接头	对接焊缝和角焊缝的组合焊缝
15		单边 V 形(带钝边)	对接接头	对接焊缝和角焊缝的组合焊缝
16		单边 V 形	T 形接头	对接焊缝

第10章 船体图样的一般规定

(续)

序号	简图	坡口形式	接头形式	焊缝形式
17	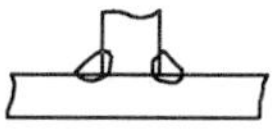	I 形	T 形接头	角焊缝
18	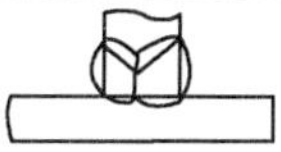	K 形	T 形接头	对接焊缝
19	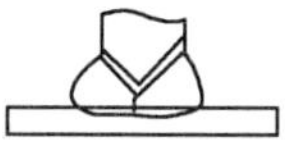	K 形	T 形接头	对接焊缝和角焊缝的组合焊缝
20	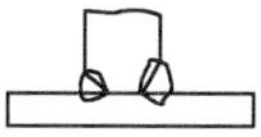	K 形(带钝边)	T 形接头	对接焊缝
21		单边 V 形	T 形接头	对接焊缝
22	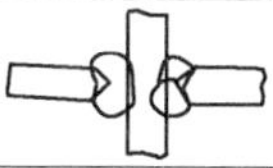	K 形	T 形接头	对接焊缝
23	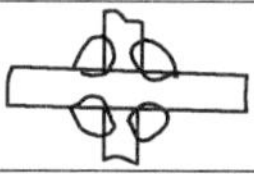	I 形	T 形接头	角焊缝
24	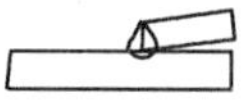	I 形	搭接接头	角焊缝
25	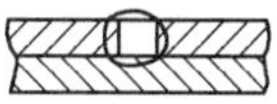	—	塞焊搭接接头	塞焊缝
26	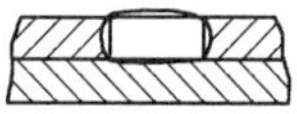	—	槽焊接头	槽焊缝
27	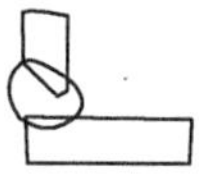	单边 V 形(带钝边)	角接接头	对接焊缝
28	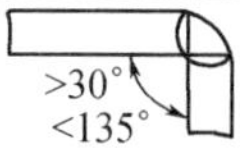	—	角接接头	角焊缝
29	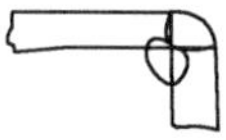	—	角接接头	角焊缝
30	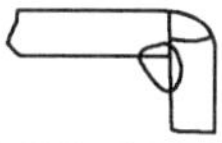	—	角接接头	角焊缝
31	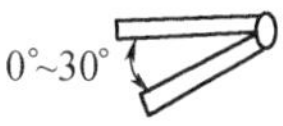	—	端接接头	端接焊缝
32	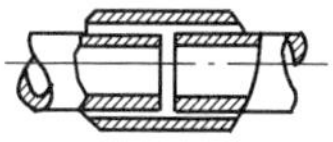	—	套管接头	角焊缝
33	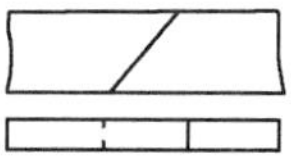	—	斜对接接头	对接焊缝
34		—	卷边接头	对接焊缝

(续)

序号	简图	坡口形式	接头形式	焊缝形式
35	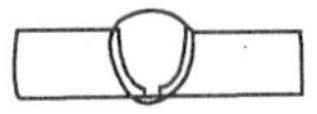	U形（带钝边）	对接接头	对接焊缝
36	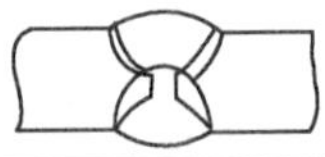	双U形（带钝边）	对接接头	对接焊缝
37	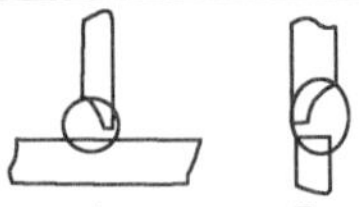	J形（带钝边）	T形接头（A） 对接接头（B）	对接焊缝
38	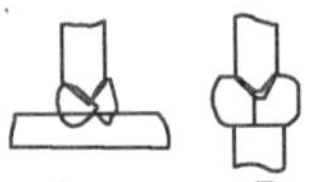	双J形	T形接头（A） 对接接头（B）	对接焊缝
39	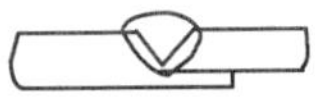	V形	锁底接头	对接焊缝
40	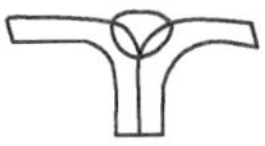	喇叭形		

10.4.2 焊缝符号表示法

完整的焊缝符号包括基本符号、指引线、补充符号、尺寸符号及数据等。为了简化，在图样上标注焊缝时通常只采用基本符号和指引线，其他内容一般在有关的文件中（如焊接工艺规程等）明确。

1. 焊缝符号

根据 GB/T 324—2008《焊缝符号表示法》的规定，焊缝符号可以分为基本符号、基本符号的组合和补充符号。

1）基本符号

基本符号表示焊缝横截面的基本形式或特征，见表 10-7，应用示例见表 10-8。

表 10-7　基本符号

序号	名称	示意图	符号
1	卷边焊缝（卷边完全熔化）		八
2	I形焊缝		‖
3	V形焊缝		∨

第 10 章　船体图样的一般规定

（续）

序号	名称	示意图	符号
4	单边 V 形焊缝		 V
5	带钝边 V 形焊缝		 Y
6	带钝边单边 V 形焊缝	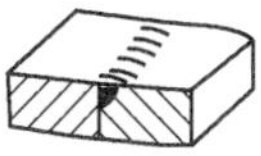	⊬
7	带钝边 U 形焊缝		Y
8	带钝边 J 形焊缝	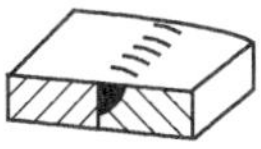	⊬
9	封底焊缝		⌒
10	角焊缝	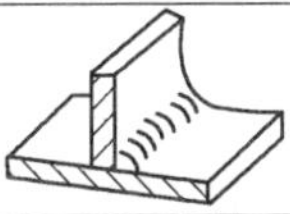	 ◿
11	塞焊缝或槽焊缝		⊓
12	点焊缝	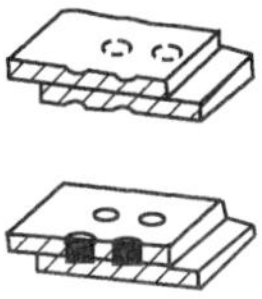	○
13	缝焊缝	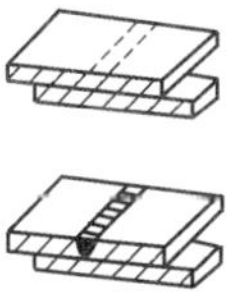	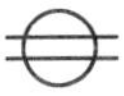 ⊖
14	陡边 V 形焊缝		⎫⎬
15	陡边单 V 形焊缝	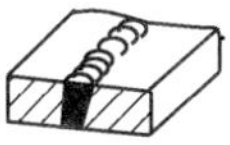	 ⎪⎬
16	端焊缝		‖‖
17	堆焊缝	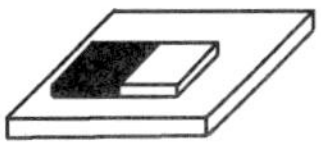	 ᗡ

（续）

序号	名称	示意图	符号
18	平面连接（钎焊）	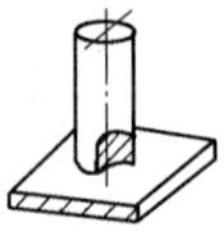 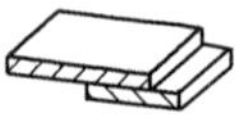	=
19	斜面连接（钎焊）	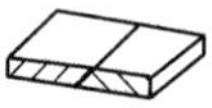	∥
20	折叠连接（钎焊）	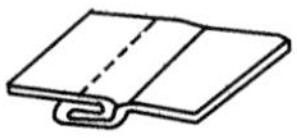	⊋

表 10 – 8　基本符号应用示例

序号	符号	示意图	标注示例
1	V	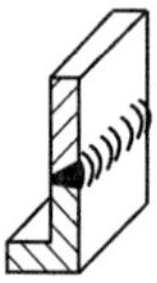	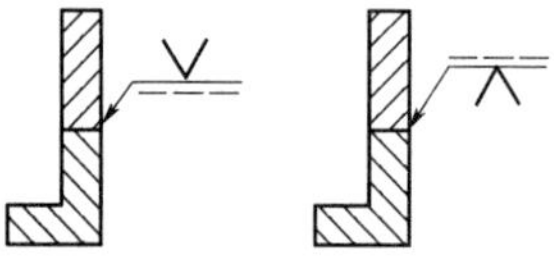
2	 Y	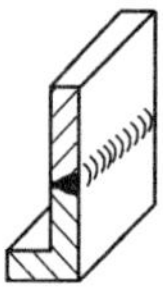	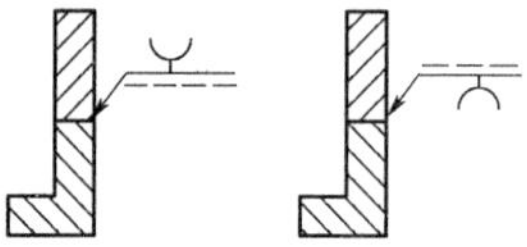
3	⊿	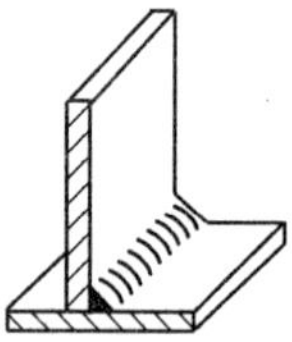	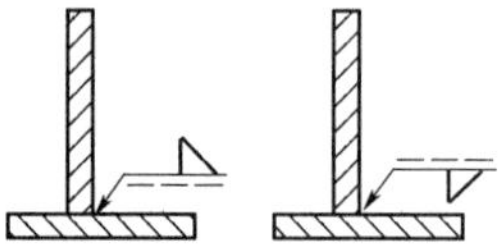
4	X	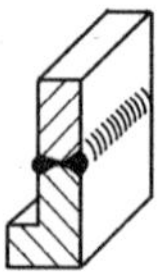	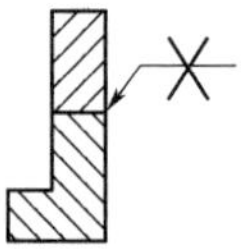
5	K	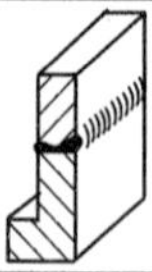	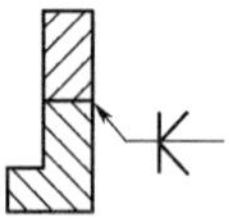

2) 基本符号的组合

标注双面焊焊缝或接头时,基本符号可组合使用,见表 10-9。

表 10-9 基本符号的组合

序号	符号	示意图	标注示例
1	双面 V 形焊缝 (X 形焊缝)		X
2	双面单 V 形焊缝 (K 形焊缝)		K
3	带钝边的双面 V 形焊缝		X
4	带钝边的双面单 V 形焊缝		K
5	双面 U 形焊缝		){

3) 补充符号

补充符号用来补充说明有关焊缝或接头的某些特征(如表面形状、衬垫、焊缝分布、施焊地点等),见表 10-10,应用示例见表 10-11。

表 10-10 补充符号

序号	名称	符号	说明
1	平面	——	焊缝表面通常经过加工后平整
2	凹面	⌣	焊缝表面凹陷
3	凸面	⌢	焊缝表面凸起
4	圆滑过渡	⌣	焊趾处过渡圆滑
5	永久衬垫	M	衬垫永久保留
6	临时衬垫	MR	衬垫在焊接完成后拆除
7	三面焊缝	⊏	三面带有焊缝
8	周围焊缝	○	沿着工作周边施焊的焊缝 标注位置为基准线与箭头线的交点处

(续)

序号	名称	符号	说明
9	现场焊缝	⚑	在现场焊接的焊缝
10	尾部	<	可以表示所需的信息

表 10-11 补充符号应用示例

序号	名称	示意图	符号
1	平齐的 V 形焊缝		
2	凸起的双面 V 形焊缝		
3	凹陷的角焊缝		
4	平齐的 V 形焊缝和封底焊缝		
5	表面过渡平滑的角焊缝		

2. 焊缝符号在图样上的位置

1）基本要求

完整的焊缝表示方法除了上述基本符号、补充符号以外,还包括指引线、焊缝尺寸符号及数据。指引线一般由带有箭头的指引线(简称箭头线)和两条基准线(一条为实线,另一条为虚线)两部分组成,如图 10-24 所示。

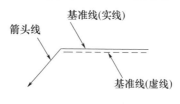

图 10-24 指引线

2）箭头线和接头的关系

接头的"箭头侧"及"非箭头侧"示例如图 10-25。

3）箭头线的位置

箭头线相对焊缝的位置一般没有特殊要求,如图 10-26(a)、(b)所示。但是在标注单边 V 形、单边 Y 形、J 形焊缝时,箭头线应指向带有坡口一侧的工件,如图 10-26(c)、(d)所示。必要时,允许箭头线弯折一次,如图 10-27 所示。

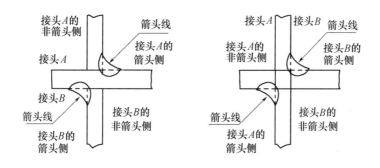

图 10-25 接头的"箭头侧"及"非箭头侧"示例

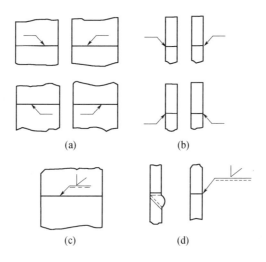

图 10-26 箭头线的位置

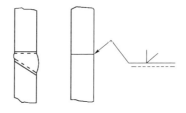

图 10-27 弯折的箭头线

4）基准线的位置

基准线的虚线可以画在基准线的实线下侧或上侧。基准线一般应与图样的底边相平行，但在特殊条件下亦可与底边相垂直。

5）基本符号相对基准线的位置

基本符号相对基准线的位置如图 10-28 所示；标注对称焊缝及双面焊缝时，不加虚线。

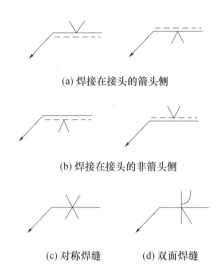

(a) 焊接在接头的箭头侧

(b) 焊接在接头的非箭头侧

(c) 对称焊缝　　(d) 双面焊缝

图 10-28　基本符号相对基准线的位置

3. 焊缝尺寸符号及其标注原则

1) 焊缝尺寸符号

焊缝尺寸符号，见表 10-12。

表 10-12　焊缝尺寸符号

符号	名称	示意图	符号	名称	示意图
δ	工件厚度		e	焊缝间距	
α	坡口角度		K	焊脚尺寸	
b	根部间隙		d	熔核直径	
P	钝边		S	焊缝有效厚度	
c	焊缝宽度		N	相同焊缝数量符号	$N=3$
R	根部半径		H	坡口深度	
l	焊缝长度		h	余高	
n	焊缝段数	$n=2$	β	坡口面角度	

2) 焊缝尺寸符号及数据的标注原则

焊缝尺寸符号及数据的标注原则，如图 10-29 所示。

(1) 焊缝横截面上的尺寸(横向尺寸)应标在基本符号的左侧。

(2) 焊缝长度方向尺寸(纵向尺寸)应标在基本符号的右侧。

(3) 坡口角度、坡口面角度、根部间隙等尺寸应标在基本符号的上侧或下侧。

(4) 相同焊缝数量符号应标在尾部。

(5) 当需要标注的尺寸数据较多又不易分辩时,可在数据前面增加相应的尺寸符号。

当箭头线方向变化时,上述原则不变。

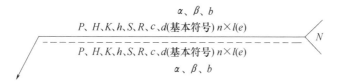

图 10-29　焊缝尺寸的标注原则

3) 关于尺寸符号的说明

(1) 在基本符号的右侧无任何标注且又无其他说明时,表示焊缝在工件的整个长度方向上是连续的。

(2) 在基本符号的左侧无任何标注且又无其他说明时,表示对接焊缝要完全焊透。

(3) 塞焊缝、槽焊缝带有斜边时,应该标注其底部的尺寸。

10.4.3　焊接方法在图样上的表示

根据 GB/T 5185—2005《焊接及相关工艺方法代号》中的规定,焊接方法应用特定的数字表示,几种主要焊接方法的数字表示见表 10-13。表 10-13 中同时列出了旧标准 GB/T 5185—1985、GB/T 324—1964 焊接方法的字母表示,以作对照。

表 10-13　焊接方法新旧标准的表示

焊接方法	代号	
	GB/T 5185—2005	GB/T 324—1964
焊条电弧焊	111	S
单丝埋弧焊	121	Z
熔化极隋性气体保护电弧焊(MIG)	131	C
钨极隋性气体保护电弧焊(TIG)	141	A
氧—乙炔焊	311	Q
摩擦焊	42	M
冷压焊	48	L
电渣焊	72	D
电阻对焊	25	J
硬钎焊	91	H

在图样上焊接方法代号标注在焊缝符号指引线的尾部。

10.5 金属船体构件理论线

船舶在设计和建造时,考虑构件连接的合理和现场施工的方便,需要确定构件安装位置的基准线,称为船体构件理论线,用 ML 表示。由于组成船体结构的钢板和型钢都有一定的厚度,船体结构图样的比例又比较小,构件通常都用图线简化地表示其投影,其剖面也只用一条粗实线表示,视图中并不画出构件的厚度。所以图中所标注的尺寸线,往往无法清楚地表示出指向构件厚度的哪一面。这可能造成误解,从而影响结构的形状和构件的安装位置,因此在图中标注钢板与型钢定位尺寸时,应同时标注构件理论线。船舶行业标准 CB/T 253—1999《金属船体构件理论线》规定了几点:确定理论线的基本原则;板材理论线;型材、板材构件理论线;封闭形支柱、锚链舱围壁、基座、舱口围板、烟囱、轴隧理论线;水下产品有厚内压壳体及舱壁理论线等,以下做一简述。

10.5.1 金属船体构件理论线的基本原则

(1)外板、甲板、烟囱、轴隧、流线型舵等薄壳结构,理论线取在壳板的内缘,如图 10-30 所示。

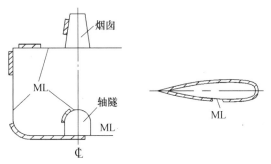

图 10-30 壳板理论线的表示

(2)在船体高度方向的构件,以靠近基线(BL)一边为理论线,如图 10-31 所示。
(3)在船体宽度方向的构件,位于中线两旁的构件,以靠近船体中线一边为理论线。位于中线面内的构件,以其厚度中线为理论线,如图 10-32 所示。

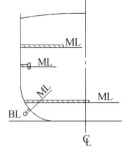
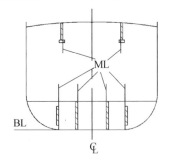

图 10-31 高度方向构件理论线的表示　　图 10-32 中线左右构件理论线的表示

(4) 在船体长度方向的构件,以靠近船舯的一边为理论线,如图 10 – 33 所示。

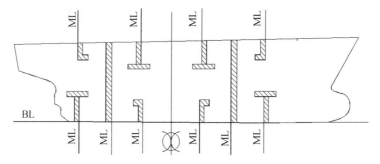

图 10 – 33　长度方向构件理论线的表示

10.5.2　金属船体构件理论线的其他规定

金属船体构件理论线除基本规定外,对某些结构形式的构件,还有以下几点例外的规定。

(1) 封闭型对称组合型材与封闭型对称轧制型材,以其对称轴为理论线,如图 10 – 34 所示。

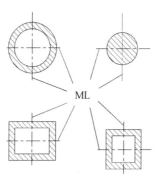

图 10 – 34　封闭型对称型材理论线的表示

(2) 以角钢、球扁钢、槽形钢和折边钢板等不对称型钢材制成的构件,以其背面为理论线,如图 10 – 35 所示。

(3) 船体中纵剖面上的对称构件,以板厚的中间为理论线,如图 10 – 36 所示。

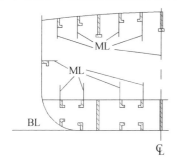
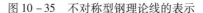
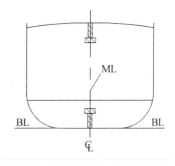

图 10 – 35　不对称型钢理论线的表示　　　图 10 – 36　中纵剖面上构件理论线的表示

161

(4) 舱口围板、主机座纵桁,以靠近其对称中心线一边为理论线,如图 10 - 37 所示。

(5) 边水舱的纵舱壁板,以背离船体中线的一边为理论线,如图 10 - 38 所示。

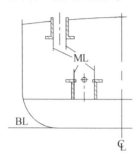 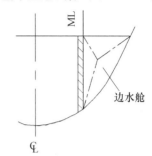

图 10 - 37 舱口围板、主机座纵桁理论线的表示　　图 10 - 38 边水舱纵舱壁板理论线的表示

第 11 章 节点图与结构图示

11.1 板材与常用型材的表达方法

船体结构主要由钢板和支持钢板的型材两大部分组成。型材是具有一定截面形状的钢材,有轧制和焊接组合两种,用来制造船体结构中的各种骨架。船体结构中常用的型材有角钢、球扁钢、扁钢、丁字梁、槽形钢和钢管等。识读和绘制船体结构图样必须掌握钢板和各种型材在图中的表达方法和特点。

11.1.1 板材的画法及尺寸标注

在船体结构图中,板材的可见轮廓用细实线表示。平直钢板和弯曲钢板的断裂处用波浪线或折断线表示。从板材断裂方向所得的视图,其画法与剖面画法相同。

1. 平直钢板的画法

图 11 – 1(a)是平直钢板的三视图。当船体图样采用小比例(小于 1∶10)绘制时,钢板板厚在视图中的投影要按比例缩小画出就比较困难。例如,板厚为 10mm,以 1∶50 的比例绘制时,表示板厚的两细实线的间距仅为 0.2mm,这时无法画出。因此,采用规定画法:钢板厚度按比例缩小后小于或等于 2mm 时,无论其厚度为多少,一律以双细实线表示。

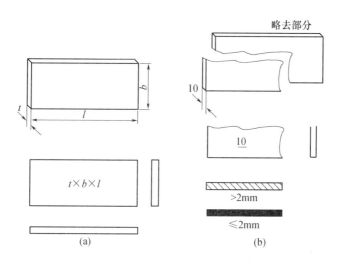

图 11 – 1 平直钢板的视图画法和断裂画法

在某些图中有时不需要把整块钢板都画出,这时可采用断裂画法,把不需要画出的部分略去不画,并在主视图中断裂处用波浪线画出;俯视图和左视图中,当板厚按比例缩小后大于 2mm 时,断面的投影视图中加阴影线,小于或等于 2mm 时用粗实线表示。没有断裂的部分仍按照图的规定画法绘制,如图 11-1(b)所示。

2. 折边钢板的画法

折边钢板是将平直钢板构件的某一直角边折弯成 90°,其视图画法如图 11-2(a)所示。钢板对着读者的前表面在水平投影中被折边所遮而成为不可见面,因此在俯视图中用一根细虚线表示。有的折边钢板在长度方向不需要全部画出,也可用断裂画法表示,如图 11-2(b)所示。断裂的两端用徒手勾画出折边钢的断面形状。在大比例时,断面符号用剖面线,在小比例时用粗实线。

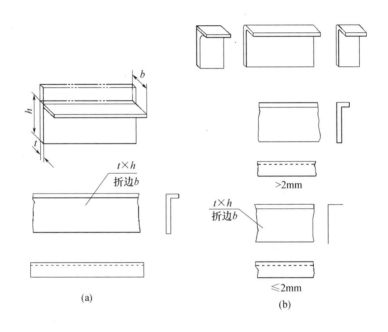

图 11-2 折边钢板的视图画法和断裂画法

3. 板材尺寸标注

板材的尺寸以集中形式标注,尺寸数字按"厚×宽×长"的形式直接标注在视图内。尺寸也可以注写在视图外,并用引出线指向板材(此规定适用于型材和肘板)。四周断裂的板材只标注板厚,数字下加横线。只在长度方向断裂的等宽板材标注"厚×宽"。折边板材的尺寸数字前要标注折边符号"⌐",数字用分式表示,分母为折边宽度。板材的画法及尺寸标注见表 11-1。

第 11 章 节点图与结构图示

表 11-1 板材画法及尺寸标注

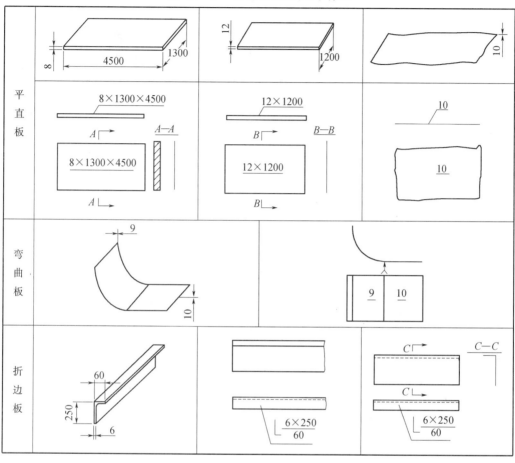

11.1.2 肘板的画法及尺寸标注

肘板由板材加工而成,通常作为连接构件,在船体结构中数量较多。肘板按形式分为无折边肘板、折边肘板和 T 形肘板三种。用小比例绘制的船体图样中,为便于画图,对肘板的投影图做了简化处理,见表 11-2。

表 11-2 肘板的画法及尺寸标注

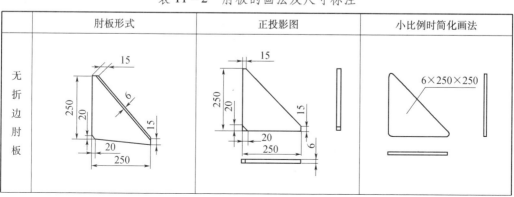

(续)

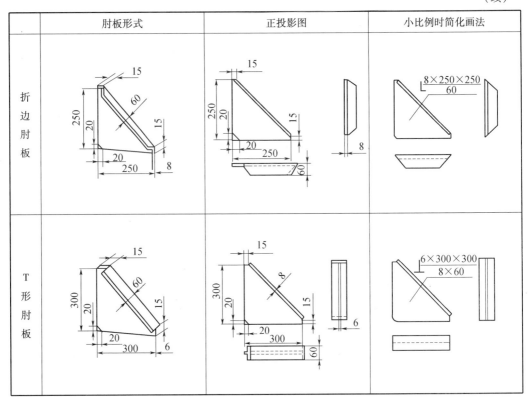

肘板的尺寸也采用集中标注的形式。折边肘板和 T 形肘板的尺寸数字前分别标注符号"⌐"和"⊥"。大型肘板上有时装有球扁钢加强肋。

表 11-3 列举了肘板与其他构件连接时的画法。不等边肘板的尺寸采用集中标注时，还要求在视图标注其中一条边的长度尺寸，以免在读图时产生误解。

表 11-3　肘板与其他构件连接时的画法及尺寸标注

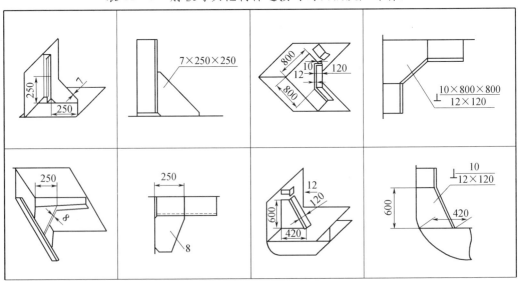

(续)

11.1.3 常用型材的画法

型材是断面具有特定几何形状的钢材,有轧制和焊接组合两种,用来制造船体结构中的各种骨架。在小比例的图样中,球扁钢、槽形钢和工字钢的内边缘倾斜及转折处的小圆角可省略不画,其厚度的投影和剖面的画法与板材相同,如图 11-3 和图 11-4 所示。对于丁字梁和工字钢的腹板厚度不可见投影,允许以一条粗虚线来表示。型钢断裂处的画法与折边钢板相似。

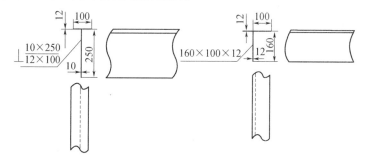

图 11-3 型材和组合型材的投影画法

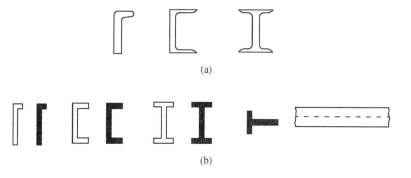

图 11-4 型材和组合型材的剖面画法

型材尺寸也采用集中标注,尺寸数字前加注型材符号。对于球扁钢、角钢、槽形钢和工字钢的尺寸,也可以只标注型号。型材的型号数字代表型材断面的高度尺寸,单位为毫米。

11.2 板材、型材连接的画法

船体是由许多基本构件(板材、型材、肘板)相互连接而成的,构件相互连接以形成牢固的整体。虽然船体构件比较复杂,但它们的连接方式基本可分为板材与板材连接、型材与型材连接、板材与型材连接以及型材贯穿等几种形式。

11.2.1 板材与板材连接的画法

船体中常见的板材与板材连接形式有对接、搭接和角接等几种,它们的画法见表 11-4。

表 11-4 板材与板材连接的画法

连接形式	视图画法	说明
对接		(1) 板材接缝以细实线表示 (2) 小比例的剖面图中,板材接缝位置用板材接缝符号"↓"表示 
搭接		小比例的剖面图中,板材重叠处留有间隙,间隙不大于粗实线宽度 b
角接		允许用粗虚线表示非水密板腹板的不可见投影,以轨道线表示水密板材的可见投影(见左视图)
角接		间断构件的工艺性切角只表示在外形显著的视图中(见左视图),其他视图省略不画

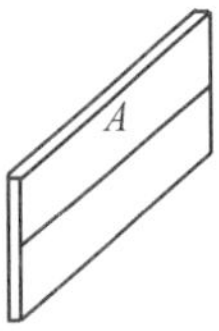

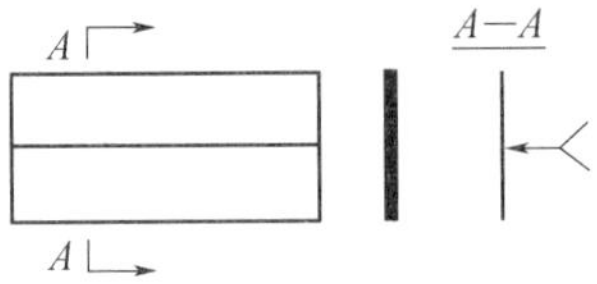

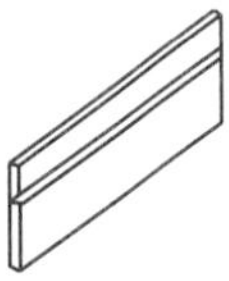

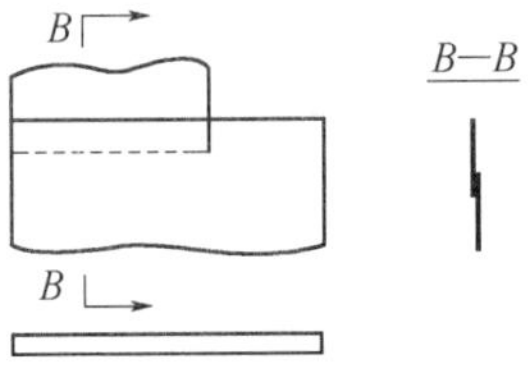

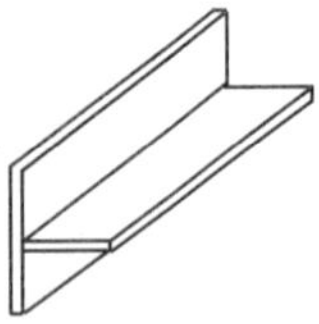

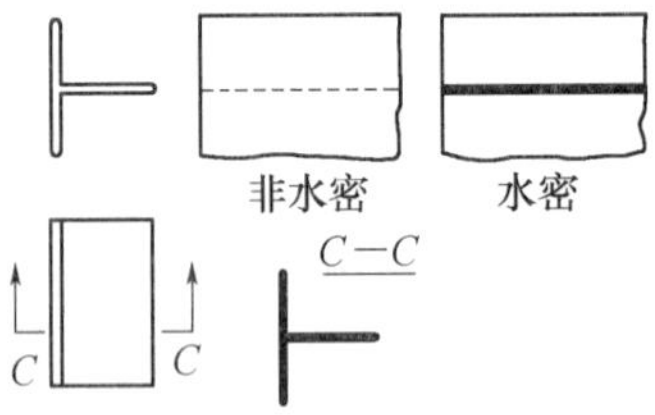

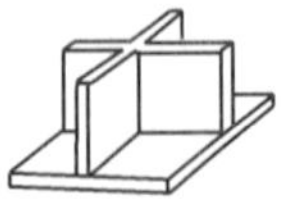

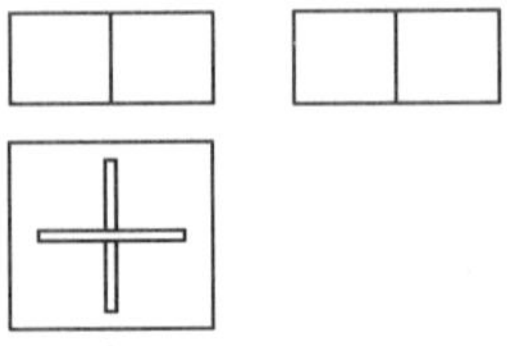

(续)

连接形式	视图画法	说明
加强腹板		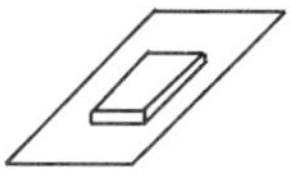 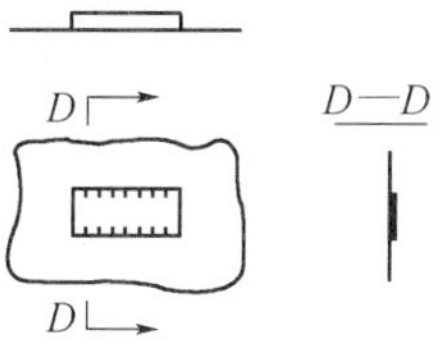 (1) 平面图中,沿腹板轮廓线的内缘画细斜线 (2) 小比例的剖面画法与板材搭接的画法相似

11.2.2 型材与型材连接的画法

型材与型材连接通常有对接、搭接和相交等形式,它们的画法见表11-5。

表11-5 型材与型材连接的画法

连接形式	视图画法	说明
对接		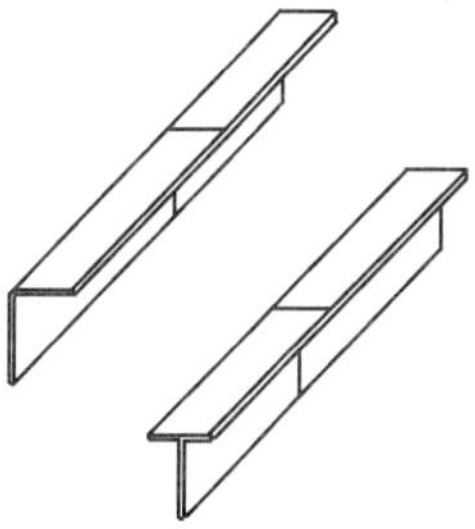 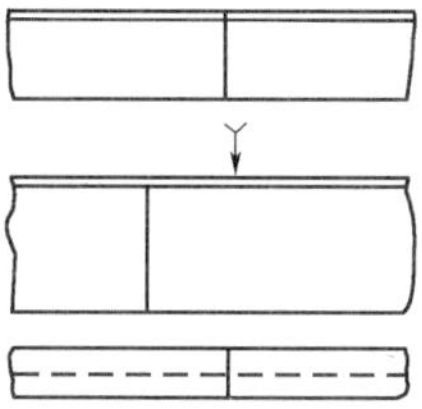 丁字梁面板的接缝线可用符号"⌄"表示
搭接		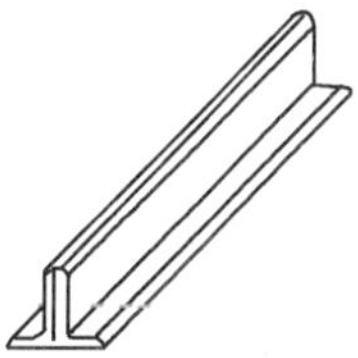 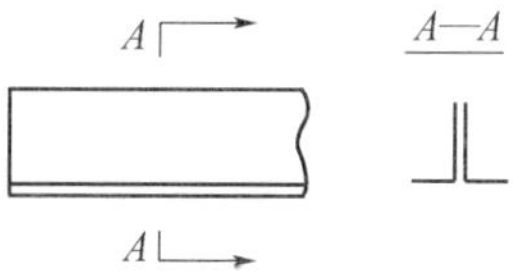 小比例的剖面图中,两型材之间留有间隙,间隙不大于粗实线宽度 b
相交		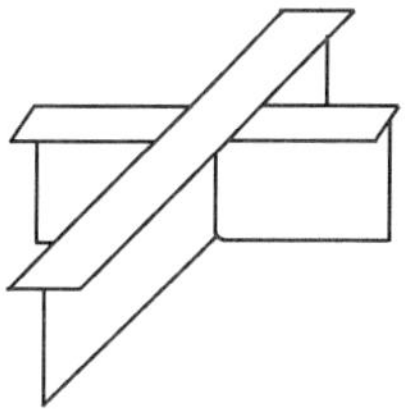 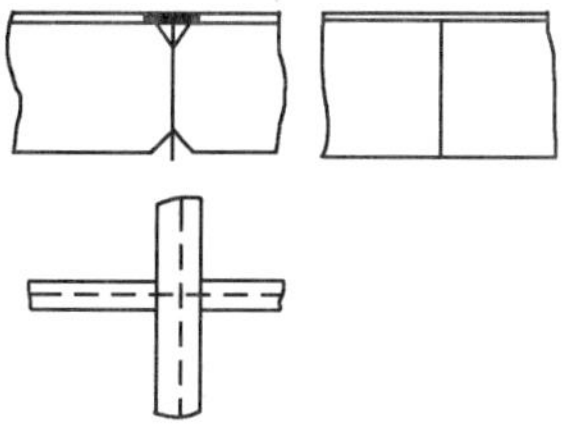 间断构件的工艺性切角只表示在外形显著的视图中(见主视图),其他视图省略不画

11.2.3 板材与型材连接的画法

板材与型材的连接通常有角接、搭接和肘板连接等形式,它们的画法见表 11-6。

表 11-6 板材与型材的连接画法

连接形式	视图画法	说明
角接	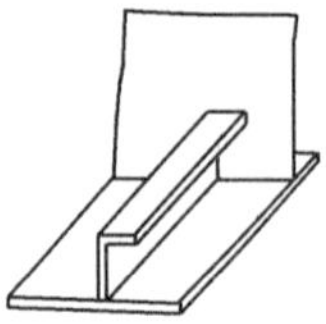	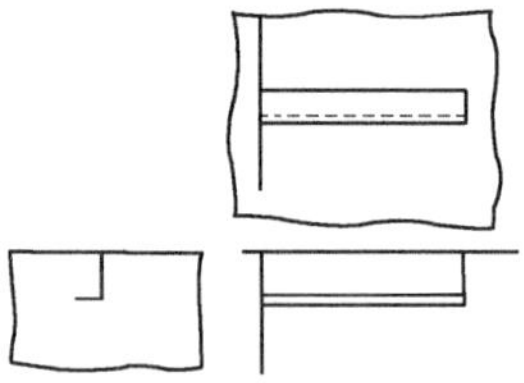
搭接		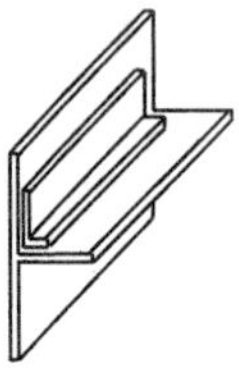 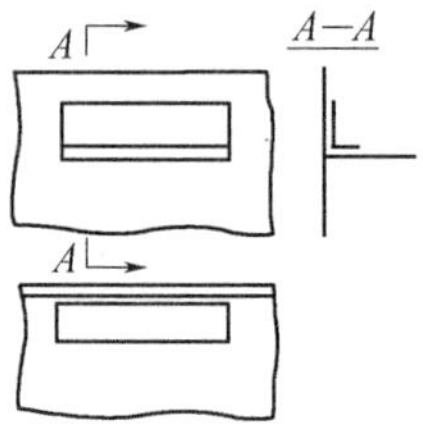 (1) 型材料面与板材的剖面之间留有间隙(见主视图) (2) 在小比例的剖面图中,型材剖面与板材剖面之间留有间隙(见 A—A)
肘板连接		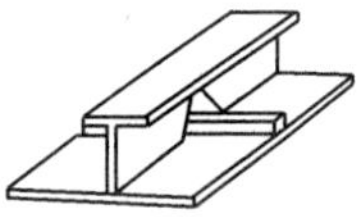 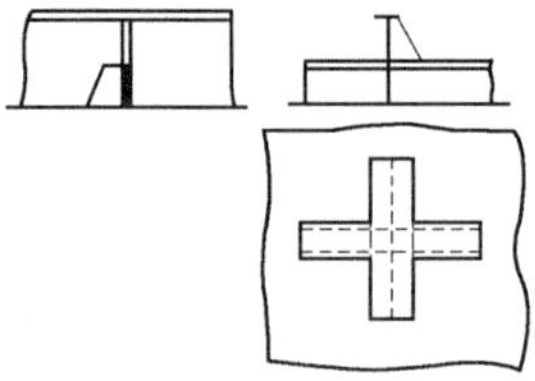 允许以粗虚线表示肘板厚度的不可见投影(见左视图和俯视图)

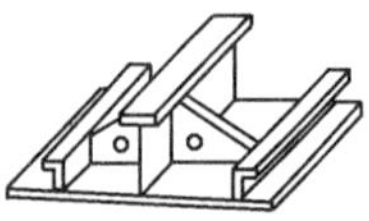

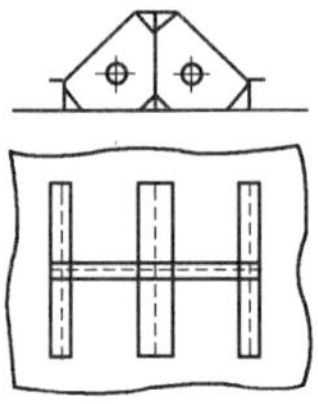

11.2.4 型材贯穿的画法

所谓型材贯穿,即当型材与板材或另一尺寸较大的型材相交时,在板材或尺寸较大的型材上开切口让小型材穿过,以保持构件的连续。型材贯穿有加补板和不加补板等形式。贯穿切口的大小和补板尺寸由 CB*3182—1983《船体结构 相贯切口与补板》规定。采用标准形式切口和补板时,在产品图样中只需注明切口的代号及补板的厚度,它们的画法及注法见表 11-7。

表 11-7 型材贯穿的画法及注法

连接形式		视图画法	说明
不加补板的贯穿		CS-3	为了表示型材穿过板材,在型材剖面周围画短斜线
		CW-3	(1) 切口的标准形式和尺寸见 CB*3182—1983 的规定 (2) 采用标准形式的切口视图中只需注明切口型别;采用非标准形式的切口则需注明切口的全部尺寸
加补板的贯穿		CN-6 / 5	(1) 补板的标准形式和尺寸见 CB*3182—1983 的规定 (2) 采用标准形式的补板规图中只需注明补板的形式和补板的厚度,采用非标准形式的补板则需注明切口的全部尺寸
		CN-9 / 6	

11.2.5 结构上通气孔和流水孔

船体结构上除了开有尺寸较大的门、窗、人孔和减轻孔外,在板材和型材上还有数量较多的流水孔和通气孔,图 11-5 给出了几种常见的形式及其图样标注方法。

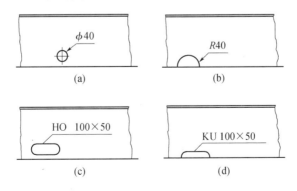

图 11-5 通气孔和流水孔形式及其标注

目前,由于建造各种不同用途的大型船舶,在船体结构中,型材端部及其连接肘板、型材贯穿切口及其补板都有很多的形式。图 11-6 是几个穿越孔及补板形式的示例。

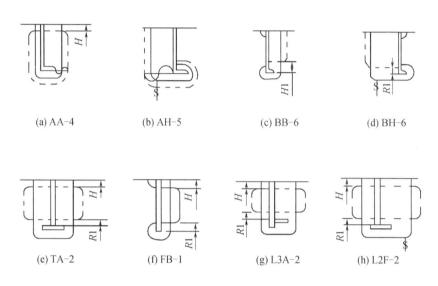

图 11-6　典型穿越孔及补板形式

11.3　船体结构表达方法

三视图是工程图样中表达物体形状的基本方法,但由于船体的形状特殊、结构复杂,为了完整、清晰地表达船体结构形式和构件连接方式,同时又便于识读、易于绘制,GB/T 4476—2008《金属船体制图》系列国家标准中,规定了船体图样的画法。下面介绍制图中船体结构常用的几种表达方法。

11.3.1　视图

如图 11-7(a)所示,用六面体的六个面作为基本投影面。将物体放置于六面体围成的空间中,由前后、左右、上下六个方向分别向六个基本投影面进行投影,得到各个面上的投影图。然后按箭头所示方向展开。保持正投影面不动,其余各个面旋转至与正投影面处于同一个平面,就得到了图 11-7(b)所示的六个基本视图,分别为主视图、俯视图、左视图、右视图、仰视图和后视图。各个视图按规定位置配置时,图样中一律不标注视图名称。有时,为了在图纸上合理而紧凑地布置视图,基本视图也允许不按规定位置排列,这时必须用向视符号指明投影方向,注写字母,并在该视图上方标注"X 向"字样,如图 11-8 所示的"A 向",向视符号为长 15~25mm 的粗实线箭头,箭头长为线段总长的 1/3~1/2。图 11-8 中 A 向实为仰视图,如将仰视图画在俯视图位置,构件间仍应符合"长对正"的投影关系。

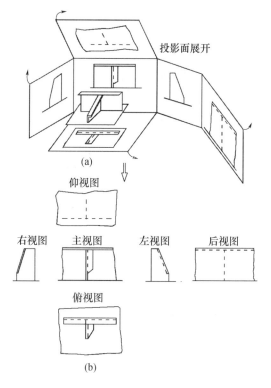

图 11-7 六面视图展开及其排列

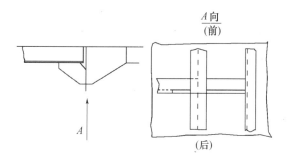

图 11-8 "A 向"视图

对于比较简单的结构可以不用三视图表示,而只用两个视图甚至一个视图就可表达清楚,如图 11-9 所示。

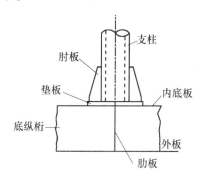

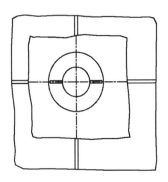

图 11 - 9　主视图 + 俯视图

11.3.2　局部视图和斜视图

当不需要从另一方向表达主视图所反映的整个结构时,只将需要表达的部分向基本投影面进行投影,这样得到的视图称为局部视图。局部视图是一个不完整的基本视图,利用它可以减少基本视图的绘制工作。图 11 - 10 中画出了尾柱的主视图和两个局部视图。标注方法是用向视符号指明所表达的部位和投影方向。在局部视图的上方,标出"A 向""B 向"等字样。由于表达的是局部结构,局部视图的范围有时采用断裂画法。

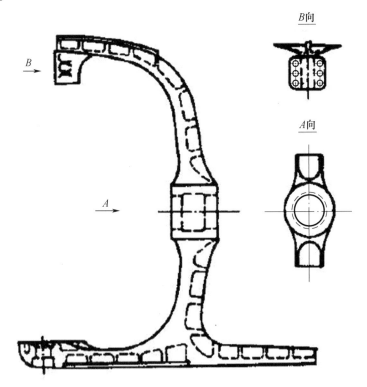

图 11 - 10　局部视图

某些处于倾斜位置的构件,在六面视图中都无法反映其真实形状,这时应取与构件相垂直的方向,把构件向不平行于基本投影面的平面进行投影,这样得到的视图称为斜视图。斜视图按投影关系画在箭头前方,注明"X"字样,如图 11-11(a)所示。斜视图也可画在图样上其他的适当位置,同时也可将视图旋转。这时,在旋转视图上方应标注旋转符号,"X"字样靠近符号的箭头端,如图 11-11(b)所示。也允许将旋转角度标注在"X"字样后。

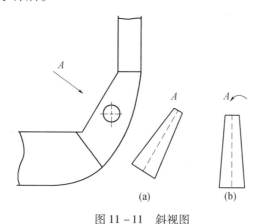

图 11-11　斜视图

11.3.3　剖视图和剖面图

船体结构的特点是构件多、形状复杂。如果仅用视图方法表达,各构件的投影将互相重叠,仍不可能将结构表达清楚,也不便于画图和读图。为避免这种情况发生,常采用剖视图和剖面图的方法。

1. 剖视图

用一个假想的剖切平面,在适当的位置将物体剖开,然后移去剖切平面前面的部分,再把剖切平面与投影面之间的这部分物体进行投影,这种方法称为剖视,得到的图形称为剖视图。在剖视图中,剖切到的断面称为剖面。构件断面的厚度按比例缩小后大于 2mm 时,在剖面上用细实线画出 45°的剖面线;小于或等于 2mm 时,剖面用粗实线表示。

2. 剖面图

由于剖视图把剖切平面后面的物体的可见轮廓线全部画出,在船体结构图样中,仍会出现构件投影重叠的现象。剖面图只画出剖切平面处物体的断面形状和剖切平面附近结构的情况,可避免发生投影重叠的现象。在船舶结构图中,剖面图除用来表达所剖构件的形状外,更主要的是用来表示欲表达构件与其相连构件间的连接情况。因此船图中,剖面图是假想在要表达的构件附近做一剖切面,将位于观察者与剖切面之间的部分移去,而把欲表达的构件及与其直接相连的其他构件向投影面投影所得到的图形。剖面图的标注形式与剖视图相同,但如果剖面图布置在剖切线的延长线上,可不标注任何符号。剖切平面应选择在所要表示的结构的前面。

船体结构复杂,构件很多,其大小、形状相差很大。故应根据不同的结构采用不同的剖面画法,如可用一个剖切平面把整个结构剖开而得到全剖面图,如图 11-12 所示为肋板全剖面图。

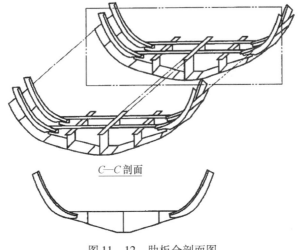

图 11-12 肋板全剖面图

如果只需表示某一局部的结构,可以采用局部剖面图,如图 11-13 中 $D—D$ 剖面图,只表示船底中内龙骨两旁的肘板结构。

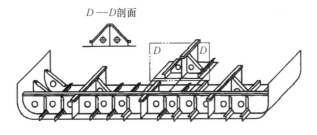

图 11-13 中内龙骨肘板剖面图

此外,还可根据需要,用两个或两个以上平面分别剖切不在同一平面内的结构,而得到阶梯剖面图。如图 11-14 所示,用三个平面剖切某基座,得到基座纵桁的结构图,即 $E—E$ 剖面图。

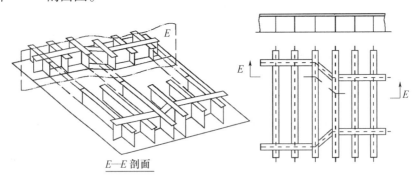

图 11-14 基座纵桁阶梯剖面图

11.3.4 简化画法

根据船体结构的特点,为了使图样尽量简明清晰便于识图,同时减少绘图工作量,船图采用了多种简化画法,常见的简化画法有以下几种。

1. 构件的简化画法

船体结构基本上都是板架结构,它是由板和纵横交叉的骨架组成的。如果完全用正投影法画出结构的平面图,图形中就会出现大量密集交错的图线,不但图面杂乱,也增加了绘图工作量。如图 11-15 中的甲板结构,当用正投影法画出全部构件时,就得到了图 11-15(a)所示的图形,图中的大量虚线是甲板下不可见构件的投影。这样详细地画出这些构件的投影实际上是不必要的,因为结构平面图主要是表示板缝位置和构件的布置。所以船图中规定用指定的图线代表不同构件的投影以简化图样,将甲板平面图画成图 11-15(b)所示的形式。

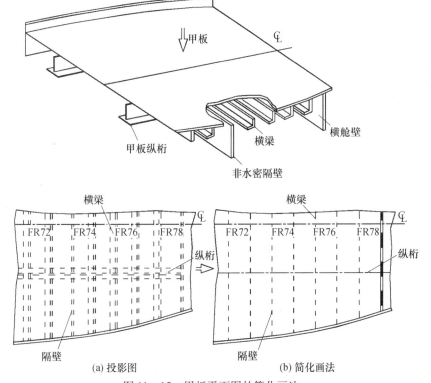

图 11-15 甲板平面图的简化画法

构件投影简化表示时所采用的图线归纳如下:

(1) 可见的主要构件(如强肋骨、强横梁、舷侧纵桁、中内龙骨、旁内龙骨、舱壁桁材等)的投影用粗点画线表示。

(2) 可见的普通构件(如普通肋骨、纵骨、舱壁扶强材等)的投影用细点画线表示。

(3) 不可见的主要构件的投影用粗双点画线表示。

(4) 不可见的普通构件的投影用细虚线表示。

(5) 不可见的水密板材的投影用轨道线表示。

(6) 不可见的非水密板材的投影用粗虚线表示。

图 11-16 是舱壁结构和舷侧结构的简化画法。

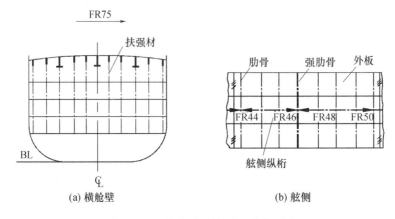

图 11-16 舱壁、舷侧结构的简化画法

2. 构件上开孔的简化画法

构件上开有若干个形状和大小相同的均布孔(如人孔、减轻孔、流水孔及透气孔等)时,可仅在两端各画一孔,中间各孔只需画出定位中心线,如图 11-17 所示。

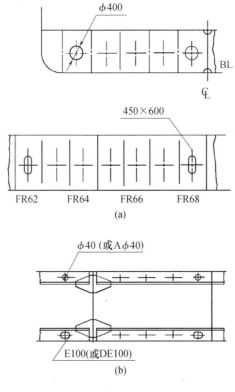

图 11-17 相同均布孔的简化

11.3.5 局部详图表达方法

局部详图也称节点放大图,在船体图样中经常采用,尤其在分段结构图中应用较多。一般分段结构图的比例为1∶50或1∶100,有些局部结构在主视图或剖面图中难以表达清楚,需要用较大的比例另行绘制。这种局部放大了的视图就是局部详图,如图11-18所示。局部详图的标注方法有两种,一是将原视图中要放大的局部结构用细实线圆圈圈出,并用罗马数字编号,在所画局部详图的上方画一粗实线,线段上标注对应序号,线段下注明放大后的比例;二是局部详图在原视图中不用圆圈圈出,也不进行编号,仅用箭头表示局部结构的位置,并在箭头所指的前方直接画出局部详图,在详图上方标注放大后的比例。

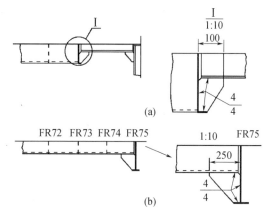

图 11-18 局部详图的表达方法

11.3.6 其他表达方法

1. 覆板的画法

在平面图上,在覆板轮廓线内侧加画斜栅线,表示为一覆板,如图11-19所示。

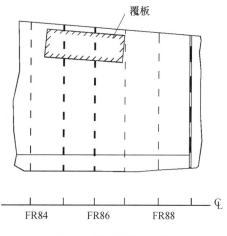

图 11-19 覆板的画法

2. 不对称开孔的画法

通常情况下船体左右对称,对称结构的俯视图(平面图)经常只画出左舷部分。当结构上有左右不对称的开孔时,则必须在图中加以说明,如图 11-20 所示。当开孔在左舷时,开孔轮廓线用细实线绘制,注明"仅在左舷"。当开孔在右舷时,开孔轮廓线用细点画线绘制,注明"仅在右舷"。

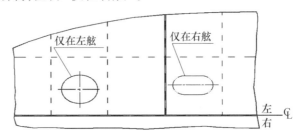

图 11-20 不对称开孔的画法

11.4 节点图绘制与识读

金属船体是由板和纵横交叉的构件组成的。图 11-21 所示为一普通货船的货舱结构及主要船体构件的名称。沿船体长度方向布置的构件为纵向构件,如纵桁材和纵骨;沿船体横向即宽度和高度方向布置的为横向构件,如肋板、肋骨和横梁;一般将纵横构件相交的部位称为结构节点。图 11-22(a)为舱口节点,它是由甲板、舱口纵桁、半横梁和肘板组成的局部结构;图 11-22(b)为舷部节点,它由外板、内底板、舷肘板和肋板组成。节点是船体结构中比较复杂的部分,表示节点处详细结构的视图称为节点图。绘制和识读节点图可以进一步熟悉和掌握板材、型材、肘板及其连接的画法和尺寸标注,从而为识读船体图样打下牢固的基础。

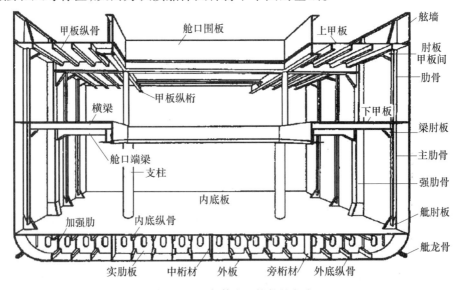

图 11-21 船体主要构件的名称

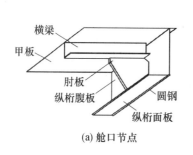
(a) 舱口节点

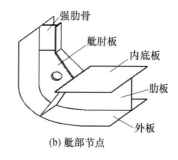
(b) 舷部节点

图 11-22　船体结构节点

绘制和识读节点图时，先将节点结构按板材、型材和肘板分成若干个构件。弄清楚每个构件的形状和尺寸以及各构件的相对位置和连接方式后，再加以综合，形成节点的整体概念，此方法称为构件分析法。由于节点是船体中的局部结构，因此节点图中的板材在长、宽方向，型材在长度方向一般采用断裂画法，同时船体结构图样通常采用较小的比例绘制。

11.4.1　节点图的画法

图 11-23 为双层底上支柱端部的节点。下面以此节点为例来说明节点图绘制的一般步骤。

1. 构件分析

先把此节点各构件分离开来，分析此节点由哪些构件组成。分析图 11-24 可知，该支柱端部节点由直立的钢管 1，连接钢管和垫板的四块三角形无折边肘板 2，正方形垫板 3，水平的内底板 4 和内底板下垂直相交的钢板 5 等构件组成。

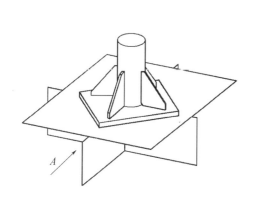

图 11-23　支柱端部节点图

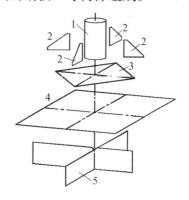

图 11-24　节点的构件分析

2. 选择主视图的视向，确定主视图

首先选择最能反映出主要结构特征的视向作为主视图投影方向。本节点选择图 11-23 中 A 向作为主视图的投影方向。

3. 选择其他视图的视向

主视图中没有表达清楚的结构需要选择其他视图来表达,以使节点图能完整地反映节点结构情况。视图的数量视节点的复杂程度而定,其原则是在清晰地表达节点结构的情况下,使视图数最少。

4. 作图步骤

节点图的作图可以根据构件的投影规律,采用构件叠加的方法,几个视图相互对应同时绘制。应注意节点中各构件的位置、大小应符合视图"长对正、高平齐、宽相等"的投影原则。由于节点图只需要画出构件交接处的连接情况,所以较长的构件在长度方向一般用断裂画法表示。具体作图步骤如下:

(1) 画出视图的定位线,如图 11-25(a)所示。画定位线时应考虑节点的长、宽、高等外形尺寸,使各视图间留有一定的空隙。

(2) 先画出大构件,本节点图先画出水平内底板 4 的投影,如图 11-25(b)所示。

(3) 画出钢管 1 及其旁边肘板 2 的投影,如图 11-25(c)所示。

(4) 擦去多余的线条,按规定的图线要求加粗加深,完成全图,如图 11-25(d)所示。

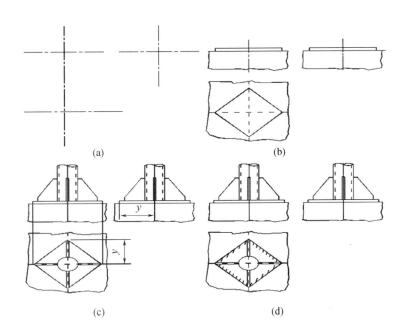

图 11-25 节点图的画法

在主视图中水平内底板及其下面纵向一列板被剖切平面剖开,其剖面应用粗实线表示。在左视图中水平内底板及其下面原来横向一列板也被剖切平面剖开,其剖面也用粗实线表示。钢管支柱的内表面为不可见轮廓线,应用细虚线表示。在俯视图中,钢管支柱被剖切平面剖开,其剖面用粗实线表示;水平内底板下面的纵向、横向交叉两列钢板,被水平内底板遮住,可用粗虚线表示它们厚度的不可见投影,粗虚线与垂直肘板投影相重合处的粗虚线不必画出,否则会形成轨道线,容易造成混淆。

11.4.2 识读节点图的方法

识读节点图时,根据节点图,按投影规律分析出节点中各构件的形状、空间位置以及它们相互间的连接形式,然后组合起来想象节点的整体情况,也就是用"先分割再组合"的看图方法。下面以图 11-26 为例说明识读节点图的方法和步骤。

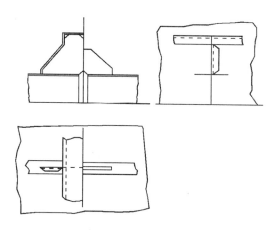

图 11-26 船底纵桁与舱壁连接节点

(1) 主视图进行形体分析。由于主视图反映节点的基本结构特征,一般可先从主视图进行分析。从主视图可以看出节点由水平船底板 1、垂直舱壁板 2、船底纵桁丁字梁 3 和 4、舱壁扶强材角钢 5、大肘板 6 和小肘板 7 组成,如图 11-27 所示。

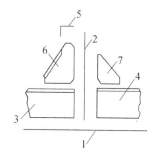

图 11-27 节点的形体分析

(2) 根据投影规律,找出各构件在其他视图中的投影,从而想象出各构件的形状和空间位置,如图 11-28 所示。

(3) 根据各构件的空间相对位置及连接情况,想象出整个节点的结构,如图 11-29 所示。

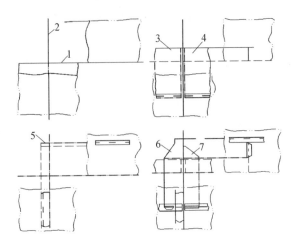

图 11-28 节点图识读

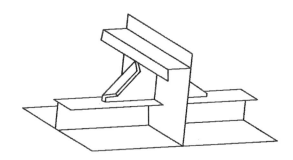

图 11-29 节点的立体图

第12章 总布置图

总布置图是在已定的船舶主尺度及船型基础上,表示船舶的舱室、上层建筑、通道、主要设备、属具的综合布置图,以显示其船型特征及用途。

总布置图大致包含以下内容:

(1) 区划主船体及上层建筑,勾划设计水线以上外部造型。

(2) 标识主船体纵横水密舱壁及双层底分隔布置,如尾尖舱、机舱或泵舱、各干货或货油舱、首尖舱及压载水舱、燃油舱、柴油舱等液舱。

(3) 标识上层建筑或甲板室外围壁位置、层数、层高,内壁房间、设施简易布置,门、窗、各通道、梯、槛布置。

(4) 标识主要设备,如主机、发电机、舵机、锚设备、系缆绞车及舵、桨、救生、货舱盖、人孔、装卸货设备、桅、信号设备及舷梯的布置。

通过总布置图,设计方、建造方与船东方可直观的了解船舶分舱情况、主要设备及各系统的布置情况。总布置的优劣对船舶的使用效能、航行性能、安全性能以及结构、工艺等都有直接影响。识读总布置图对船舶的设计与运营有着极其重要的作用。图12-1(见书末插页)为一艘某成品油船的总布置图。

12.1 总布置图的构成

12.1.1 总布置图剖面及信息

总布置图主要包含以下剖面及信息。

1. 主尺寸表

在总布置图内,会将船舶的主尺度统一绘制在主尺寸表内。表内一般会包括船长(总长/两柱间长)、型宽、型深等外形尺寸,以及设计/结构吃水等经济性参数。对于某些工程工作船舶,主尺寸表还包括一些专业性能项目,如图12-2所示。

主尺度	
总 长	240.00m
两柱间长	230.00m
型 宽	42.00m
型 深	21.60m
设计吃水	12.50m
结构吃水	15.80m

图12-2 主尺寸表

2. 船级符号

在船舶建造前,船舶各部分的规格需经过船级社或船舶检验机构批准。船舶建造完成后,由船级社或船舶检验机构对船体、设备、系统等项目和性能进行鉴定,并颁发相对应的船级证书。

在总布置图上,这些船级证书由船级符号体现。每个船级符号代表该船所满足某项船级规范的认可,表明船舶可在船级规范允许范围内正常工作。

3. 侧视图

从船舶右舷向左舷投影所得到的视图称为侧视图,是总布置图的主视图,如图12－3(见书末插页)所示。

侧视图的基本内容如下:

(1) 侧视图表示船舶的侧面外貌。从侧视图中可以了解船舶的外形特征,如首尾轮廓线、舵桨形状、上层建筑的分布等。

(2) 侧视图表示主要舱室的划分。在侧视图上,直观的标明了各货舱、压载舱、机/泵舱、首尾尖舱的分舱布置情况。标示机舱各层平台、舵机室平台、上层建筑各层甲板及首尖舱内各层平台的高度。

(3) 侧视图表达了船舶设备的布置情况。在侧视图中,比较清晰地反映出船舶舷侧的舾装布置情况,包括舷梯、救生艇、水尺等。同时也标识出大型设备及舾装单元在高度上的布置情况,如主机、发电机、甲板吊车、烟囱、雷达桅等。

(4) 侧视图表达了门、窗、扶梯、通道等在船长和船深方向的布置情况。对于舱室和设备较多的船舶,如战斗舰和大型客船,为了更加清晰地表达船体内部的布置,常以中纵剖面图代替侧视图。有时也同时画出侧视图和中纵剖面图。中纵剖面图虽是以中线面剖切船体向正面投影所得的视图,但各种设备无论是否被剖切,在图中一律只画设备的轮廓投影。对于船舶构件,只画出被中线面剖切到的横向构件(如横梁、肋板、横舱壁等)的剖面形状和中线面内的构件(如中底桁、甲板中纵桁、中纵舱壁等)的投影,其余构件都省略不画。

4. 甲板平面图和平台平面图

甲板平面图和平台平面图是从各层甲板、平台上部俯视后而得到的视图,是总布置图的俯视图。船舶每层甲板和每层平台都应单独绘制平面图,表示的是该层甲板、平台到上一层甲板、平台之间整个空间内,设备、系统及舱室的布置情况。如图12－1中块4、7、8所示,分别代表了主甲板平面图,上层建筑各层甲板平面图、机舱各平台平面图。

甲板平面图和平台平面图表达的基本内容如下:

(1) 甲板及平台上方舱室的划分(图中用粗实线表示舱壁或围壁的切断线),舱室的名称或用途。舱室内部设备、器具等的布置情况,反映出这些舱室和设备在船长和船宽方向的具体位置。

(2) 甲板或平台上,设备、系统的布置情况,反映出这些设备和系统在船长和船宽方向的具体位置。

(3) 甲板或平台上的通道、门、窗、扶梯的布置及其位置。

图12－4为A甲板平面图,表示了上层建筑内A甲板至B甲板间的舱室及设备布置情况。

第 12 章 总布置图

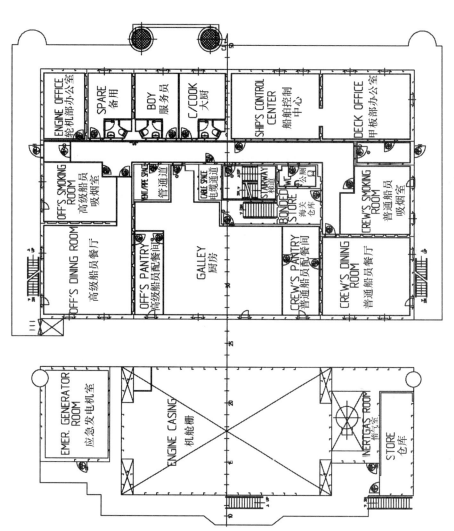

图12-4 A甲板平面图

5. 舱底平面图

舱底平面图是最下层甲板或平台下表面的俯视图,如图 12 – 1 中块 5。舱底平面图表达的基本内容如下:

(1) 双壳船舶表示了双层底上面的舱室、设备、系统的布置情况以及双层底空间内液舱的布置。同时也会表明双层底内部压载舱及管隧通道的布置情况。

(2) 单壳船舶表示了船底上方的舱室和设备的布置情况。

6. 典型横剖面图

典型横剖面图为由船首向船尾方向看所得到的视图。主要表现了船舶平行中体处的线形轮廓及分舱布置情况,同时也反映了上层建筑正面轮廓及设备布置情况。

12.1.2 总布置图图面特点

总布置图是船舶总括性图样,表达的内容繁多,涉及面广。但是为了便于使用,图纸幅面又不宜过大,因此总布置图采用了较小的比例。现代大型船舶,即使采用 1:300 的小比例,总布置图的长度也都超过 1m。在这种情况下,如果全船的设备、机械、器具和门、窗、扶梯等都按正投影方法绘制并标注尺寸,必然会使图面繁杂、图线密集。为了既把内容表达完整,又便于绘制和识读,总布置图中采用了一些特殊的表达方法。

(1) 图形符号表示法。总布置图中的舱壁、门、窗、开口、扶梯、舱口、舱口盖、舷墙、栏杆以及锚设备、系泊设备、救生设备、航行设备,房间内的各类设施和器具等,在总布置图中都采用经简化的图形符号来表示。所用的图形符号由国家标准《造船船舶布置图中元件表示法》(GB/T 3894—2008)具体规定。标准中规定的基本图形符号还可以与其他图形符号组合使用,凡是国家标准未曾包含的各种特殊设备,可用与其实际形状相似的图形符号来表示。识读总布置图,应熟悉上述标准中所列常用图形符号的含义。

(2) 图中不直接标注舱室、设备等的定形尺寸和定位尺寸。总布置图中的绝大部分尺寸都省略不注,其粗略尺寸可以用比例尺直接在图样中量取。

12.1.3 总布置图中的图线

下面列举总布置图中的常用图线及其应用范围。

(1) 细实线主要作为可见轮廓线,如主船体、上层建筑、甲板、平台、开口以及各类设备的可见轮廓线,基线、水线也画细实线。

(2) 粗实线作为板材、型材的剖面简化线,如表示船体外板、金属舱壁和围壁、船体构件的剖面。

(3) 细虚线作为结构和设备的不可见轮廓线。

(4) 粗虚线作为水密或非水密不可见板材的简化线,如不可见的甲板、平台、内底板、横舱壁、金属围壁和肋板等的简化线。

(5) 细点画线作为中心线、轴线、开口对角线、液舱范围线、系船索等。

第12章 总布置图

(6) 细双点画线作为假想位置线,如上层建筑开口轮廓线、单底船的肋板边线等。

12.2 识读总布置图

在总布置图内集中反映了船舶的类型、用途、主尺度、主要技术性能,舱室的划分和布置情况,各种设备及系统的组成、数量、布置和它们之间的相互关系。总布置图中的侧视图,甲板(平台)平面图和舱底平面图,从不同方向反映出船舶的总体布置情况,它们之间保持对应的投影关系,看图时应互相对照。

但是总布置图仅是从全局上对船舶进行描述,细节局部的布置情况仍需要参见详细的结构图样及设备/系统布置图。

下面以图12-1所示的某成品油船的总布置图为例来说明识读方法。

1. 阅读标题栏和主尺寸表

通过标题栏(略)和主尺寸表(图12-2)可了解船舶的类型、用途及主要技术性能。

该船为某成品油船。总长、两柱间长、型宽、型深、设计吃水、结构吃水等数据均可从主尺寸表中读出。

2. 识读船体舱室布置

通过船舶侧视图及各平台平面图,可基本了解各舱室的起止位置及功能。

1) 了解主船体内舱室划分情况

从侧视图(图12-3)中可以得知,本船在船长方向从尾至首,主要布置的舱室有尾尖舱、冷却水舱、机舱、泵舱、污油舱、六对货油舱、六对压载舱及首尖舱。各舱室间由水密横舱壁分隔。

2) 了解机舱内舱室划分情况

本船机舱内分布了许多小型舱室及油柜,在侧视图上无法反映出来。需要对照机舱各平台平面图来确定这些小舱室的布置。

从图12-5中可以看出,在机舱的三平台与二平台之间,有 No.1/2 燃油深舱、机舱仓库、工作间、净油机室等功能舱室,同时分布着燃油日用柜、燃油沉淀柜、低硫燃油沉淀柜等密封油柜。

机舱各层平台的舱室布置大不相同,有些舱室由于过于狭小导致无法在总布置图上标识出来,查找准确位置时需要查阅机舱布置图。

3) 了解上层建筑内舱室划分情况

本船设有尾楼和首楼,首楼和尾楼之间设有步桥,从首楼直通尾楼。尾楼为烟囱及附属结构,首楼为生活楼。图12-4为A甲板平面图,可以看出,尾楼A甲板上布置着惰气室、应急发电机室等舱室,而首楼的A甲板平面上主要是餐厅及厨房。

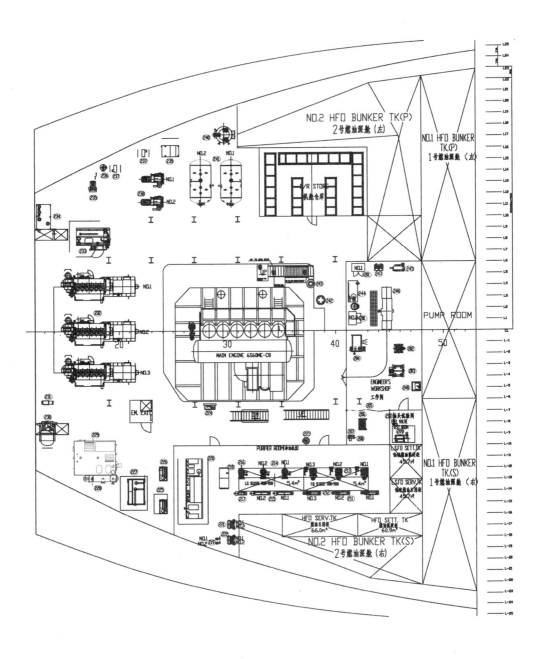

图 12-5 机舱三平台平面图

3. 识读设备/系统布置

在总布置图上,会给出较大型的设备/系统的外形轮廓及布置情况,但是一般不会标注设备/系统的详细位置,一些较小的设备/系统甚至不会出现在总布置图上。

图 12-6 为主甲板平面图的首部区域,可以看出,首部甲板区域布置着大量系泊设备系统。这些设备、舾装件的数量及相对位置可以从图 12-6 上粗略得出。但详细的设备位置、型号、技术参数需查阅详细的系泊系统布置图及设备技术说明书。

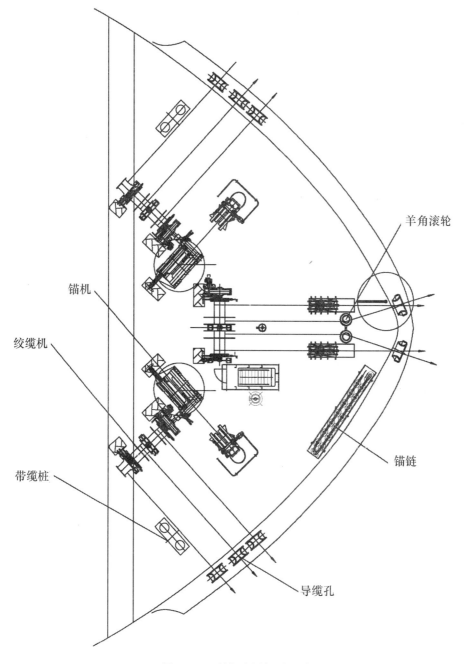

图 12-6 首部主甲板平面图

第13章 基本结构图

基本结构图(附图 A-1~A-3)是一张全船性图样,它是由若干个纵剖面图及水平剖面图来表示船体结构的基本情况。基本结构图与典型横剖面图合在一起,就组成了表示全船结构的三视图。

基本结构图是绘制其他结构图样(如分段组立图等)的依据之一,识读基本结构图可以获得对船体结构全面而完整的了解,有利于识读分段组立图等施工图样。

13.1 基本结构图的组成和表达的内容

基本结构图是船体结构的总布置图,主要由一系列视图组成,主要包括中纵剖面图、各层甲板/平台平面图和舱底图等。但不包括外板展开图及典型横剖面图、横舱壁图。

1. 中纵剖面图

中纵剖面图(附图 A-1)是船体中心线所在剖面的结构布置图,是基本结构图的主视图,是以中心线面作为剖切平面,纵向剖切船体后向正面投影得到的视图(从右向左看)。

中纵剖面图所表示的内容如下:

(1) 中纵剖面图表示位于中线面上的船体构件,如中心纵桁、中心纵骨、中纵舱壁等结构的板材轮廓及板缝、尺寸、材质的分布情况,以及附属于这些板材的型材的规格材质。

(2) 中纵剖面图反映位于中线面的重要开孔(如尾轴开孔、人孔)的尺寸、位置情况。

(3) 中纵剖面图表示穿过中线面的构件,如外板、内底板、甲板、平台等。

(4) 中纵剖面图反映肋板的布置情况。

(5) 中纵剖面图表示主要舱室的划分情况。

2. 甲板平面图、平台平面图

甲板平面图、平台平面图(附图 A-2)是用水平剖切平面,沿着甲板或平台的上表面剖切船体所得到的剖面图(从上向下看)。对于左右对称的结构,一般只给出左舷的视图,右舷不单独显示。

甲板平面图、平台平面图所表示的主要内容如下:

(1) 甲板平面图、平台平面图表示各甲板及平台结构板材轮廓及板缝、尺寸、材质的分布情况,以及附属于这些板材的型材的规格、材质。

(2) 甲板平面图、平台平面图反映位于甲板或平台的重要开孔(如舱口、人孔等)的尺寸、位置情况。

(3) 甲板平面图、平台平面图表示主要舱室的划分情况。

3. 舱底图

舱底图(附图 A-3)是用水平剖切平面,沿着舱底平面的上表面剖切船体所得到的剖面图(从上向下看)。对于左右对称的结构,一般只给出左舷的视图,右舷不单独显示。

舱底图表达的主要内容如下:

(1) 舱底图表示各舱底结构板材轮廓及板缝、尺寸、材质的分布情况,以及附属于这些板材的型材的规格、材质。

(2) 舱底图反映位于舱底的重要开孔(如吸口、人孔等)的尺寸、位置情况。

(3) 舱底图表示主要舱室的划分情况。

13.2　基本结构图中的图线

基本结构图中的常用图线及其应用:
(1) 细实线主要代表可见结构轮廓线、板缝线。
(2) 粗实线主要代表船体的外轮廓线及可见的重要舱壁。
(3) 细虚线主要代表不可见的型材。
(4) 细点画线作为中心线、轴线、开口对角线、舱室轮廓标注线等,以及可见的型材。
(5) 粗点画线主要代表可见的桁材。
(6) 粗双点画线主要代表不可见的桁材及舱壁。
(7) 轨道线代表不可见的水密横舱壁。

13.3　基本结构图识读

基本结构图中的构件定位尺寸一般以毫米为单位。高度方向尺寸以基线为基准进行测量,向上为正,向下为负。宽度方向尺寸以船体中心线为基准进行测量,向左为正,向右为负。长度方向尺寸以构件所在的肋位号或以某号肋位为基准进行测量,向首为正,向尾为负。

基本结构图内的船体构件尺寸、规格、材质一般直接标注在图样内部。对于纵骨间距、肋位间距及人孔大小等变化不大且分布较广的构件标注,在整幅图样内仅标注 1~2 处,其余用 TYP.(典型)标记代替。

识读基本结构图的步骤及方法与识读总布置图相似,看图的步骤与看总布置图相似。一般是先看中纵剖面图,再依次看各层甲板平面图、平台平面图,最后看舱底图。识图时,可分区域逐步识图,也可以根据需要识读某一舱室或某一局部结构。看图时,应将平面图和纵剖面图互相对照,需要时还可参照中横剖面图,形成某一部分结构的三视图,以便完整地了解全船的结构。

1. 全船结构概貌

以中纵剖面图为主,初步对照各个平面图,了解全船结构概貌。如甲板的层数和位置,双层底设置的区间,主船体内纵、横舱壁的设置以及大开口(机舱口、货舱口)的位置。

从图13-1(见书末插页)上可以看出:

(1)全船有一层连续甲板,即主甲板;主甲板下,在机舱区有三层平台,从上至下分别为二平台、三平台、四平台;尾部区域有舵机平台。

(2)本船为双底船,内底平面布置贯穿全船。内底与外底间有中心纵桁,高度为2770mm。

(3)主船体内FR18、FR58、FR64、FR118、FR172、FR226、FR280、FR334为水密横舱壁。沿船长方向,由尾至首,将主船体划分为尾尖舱、机舱、泵舱、第五至第一货舱、首尖舱。在中纵剖面图内以垂直粗实线表示其剖面,而在主甲板平面内以轨道线表示水密舱壁。

(4)从中纵剖面内的轮廓可以看出,货舱内距基线15000mm处,从左至右有横撑加强结构;货舱水密横舱壁附带有三根水平桁结构;主甲板下有强肋板结构。

(5)FR64~FR334区域内的内底中心纵桁上无开孔示意,可初步判断中心纵桁为水密结构。再对照舱底图,中心纵桁以轨道线进行标识,则可断定此结构确实为水密结构。

(6)在中纵剖面图上,还可以看出不同舱室间肋位间距变化情况。

通过对中纵剖面图的识读,可以基本了解全船结构概貌,尤其是船体内部空间的划分情况。

2. 各区域详细结构

为了详细了解各区域构件的布置、结构形式、尺寸和连接方式,可以根据需要,按区域(如底部、舷侧、甲板、首尾结构)划分或按舱室(如货舱结构、机舱结构、泵舱结构等)划分来进行识读。

附图B为机舱三平台的平面图,以此为例,说明详细识读的方法。

1)舱室划分

由中纵剖面图(附图A-1)中可知,FR18向尾为尾尖舱,FR18~FR58为机舱,FR58至首为泵舱。但是从平面图上可以看出,泵舱并不像机舱与尾尖舱一样横越船体左右,而是截止于L8与L-8纵舱壁之间。而之外的部分属于第一燃油深舱。

2)平台主板的排板及结构布置

平台板板缝分布、厚度、材质已直接标注在图上,可以看出整个平台基本采用了

10.5mm 厚度的 A 级船用钢板。部分区域进行了加厚,对照总布置图可知为大型设备单元的安装区域。平台中心处设有开孔,用于主机吊运安装。在燃油深舱及空舱内有流水孔,流水孔上有防滑肋。泵舱内有吊物孔及楼梯开孔。

平台下布置的型材规格均为 $L250 \times 90 \times 10 \times 15$ 的角钢,部分区域使用了规格为 $T500 \times 11 + 150 \times 20$ 的丁字梁。细虚线代表不可见的型材,粗双点画线代表不可见的桁材及舱壁,轨道线代表水密横舱壁。如泵舱的四面围壁为 FR58 横舱壁、FR60 横舱壁、L8 纵舱壁及 L-8 纵舱壁,除 FR60 横舱壁外,其余三道舱壁均用轨道线标识,表明这三道舱壁为三平台下不可见的水密横舱壁,而 FR60 横舱壁为可见水密横舱壁,即上下连续结构。

平台上布置有工字钢垫板,表示此处有支撑二平台的工字钢。

第14章 分段划分图与余量/补偿量布置图

分段划分图与余量/补偿量布置图是分段建造过程中重要的指导性图纸文件之一。通过分段划分图可以了解全船分段的数量、位置等关键信息；余量/补偿量布置图则可以了解到分段的余量/补偿量加放信息。

不同的造船企业对分段划分图和分段余量/补偿量布置图表示方法及符号定义会有所不同，本章节仅以某船厂为例做一介绍。

14.1 分段划分图

船体分段划分图是表示全船分段划分情况的图样，用于表示全船分段的数量、各分段的接缝位置、理论重量以及分段间预组和总组的组合方式。分段划分图是其它结构及舾装图纸标注分段接缝位置的依据，也是船厂生产策划、准备、施工的重要依据之一。

14.1.1 分段划分图的组成

分段划分图主要由一组视图、分段编号、明细栏和主尺寸表组成，图14-1（见书末插页）为某油船的分段划分图。

1. 分段划分图的视图

分段划分图的视图应能完整、清晰地表达出分段上包括板材和内部骨架的接缝位置。视图主要有侧视图、甲板平面图、内底平面图、纵剖面图和横剖面图等。分段划分图中视图的剖析，要根据船舶类型、大小、分段划分的情况以及板材和骨架的接缝位置是否相同而定。

1）侧视图

侧视图是从船体右舷向左舷投影所得到的视图，如图14-1中的侧视图，表示了船体分段沿船长和船高度方向的位置。侧视图是分段划分图的主视图，较全面地反映了全船分段的划分情况。

2）甲板平面图

甲板平面图是沿甲板上平面剖切所得到的视图，如图14-1中的甲板平面图，表示了船体分段沿船长和船宽方向接缝的位置，甲板平面图主要用来表示甲板区域的分段划分情况。

3）内底平面图

内底平面图是沿船底部构架上表面剖切得到的视图,如图14-1中的内底平面图,主要表示底部分段沿船长和船宽方向的接缝位置。

4）纵剖面图

纵剖面图是纵向平面剖切船体所得到的剖面图,如图14-1中心纵舱壁图,表示了剖切平面处分段沿船长和船高度方向的接缝位置。

5）横剖面图

横剖面图是横向平面剖切船体所得到的剖面图,如图14-1中的"FR48""FR113""FR125""FR253"横剖面图,表示了剖切平面处分段沿船宽船高度方向的接缝位置。

2. 分段划分图中的尺寸标注

分段划分图中的尺寸标注重点是分段缝的定位尺寸及分段的外形尺寸标注。分段缝的定位尺寸一般以肋位(船长方向)、船中线(船宽方向)及船体基线(高度方向)为基准进行标注。除此之外,还需要标注一些重要结构的定位尺寸,如平台的距基高度值,纵舱壁的距中距离等。

3. 分段缝表示方法

分段缝表示方法如下:

（1）表示对接的合拢缝界线 ——|||——、——▶。

（2）表示角焊缝的合拢缝界线 ——▶。

（3）表示对接的分段缝边界 ——▷。

（4）表示角焊缝的分段缝界线 ——△。

（5）表示分段预组缝或分段内部板缝 ——◯——。

14.1.2 船体分段编码

船体分段编码采用阿拉伯数字的形式,位数为四位;船体预组及总段编码采用阿拉伯数字和英文字母组合的形式,位数为四位。

1. 船体分段编码的组成

船体分段编码由三部分四位数字组成,三部分分别为:

（1）结构分类代码(一位)。

（2）分段横向位置代码(一位)。

（3）序列号(二位)。

2. 船体分段编码的形式

船体分段编码的一般形式和表示意义见图14-2、表14-1和表14-2。

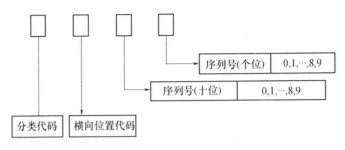

图 14-2　分段编码的一般形式

表 14-1　分类代码

代码	结构分类	代码	结构分类
1	机舱、尾部	6	货舱舷侧
2	货舱双层底	7	货舱纵壁
3	货舱舯部	8	首部
4	横壁	9	上层建筑
5	货舱甲板	0	特殊结构

表 14-2　横向位置代码

代码	横向位置
2,4,6,8	左
0,1	中
3,5,7,9	右

举例如下：

(1) 6206 分段：表示货舱区左舷尾起第 6 个位置的舷侧结构分段。

(2) 3411 分段：表示货舱区左舷尾起第 11 个位置的舯部结构分段。

3. 船体预组段编码

船体预组段编码的一般形式和表示意义如图 14-3 所示。

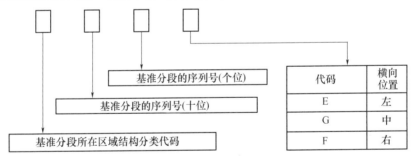

图 14-3　船体预组段编码的一般形式

举例如下：

(1) 211E 预组段：表示货舱区左舷以序列号为 11 的底部分段为基准段的底部预组段。

(2) 511G 预组段：表示货舱区以序列号为 11 的甲板分段为基准段的中部甲板预组段。

(3) 311F 预组段：表示货舱区右舷以序列号为 11 的舯部分段为基准段的舯部预组段。

4. 船体总段编码

船体总段编码由三部分组成,包括三位阿拉伯数字和一位英文字母,这三部分分别为:

(1) 总段的基准分段结构分类代码。总段的基准分段为组成一个总段的若干个分段中处于整个总段的下部、尾部及中线的分段,如底部分段(2306,2307)、舭部分段(3306,3307)和舷侧分段(6306,6307)进行总组,总组段的基准分段为2306。

(2) 总段基准分段的序列号。

(3) 总段横向位置分类代码。

5. 船体总段编码的一般形式和表示意义

船体总段编码的一般形式和表示意义如图14-4所示。

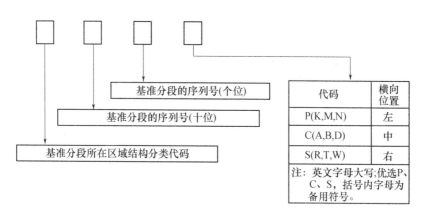

图14-4 船体总段编码的一般形式

举例如下:

(1) 211P总段:表示货舱区左舷以序列号为11的底部分段为基准段的底部总段。

(2) 511C总段:表示货舱区以序列号为11的甲板分段为基准段的中部甲板总段。

(3) 103S总段:表示机舱区右舷以序列号为3的机舱分段为基准段的机舱总段。

14.1.3 分段明细栏

分段明细栏列出了全船各分段的分段号、预组段号、总段号、重量以及所属部位等内容,格式如图14-1所示。有些分段划分明细栏里也会给出分段外形尺寸数据,这些重量和外形尺寸可作为布置分段建造场地和考虑起重设备的依据。

14.1.4 分段划分图的特点

(1) 视图是具有示意性质的图形。为了使图面简洁清晰,读图一目了然,除了主要结构外(如甲板、平台、舱壁、内底、外板等连续结构),其他结构均省略不画。

(2) 图线应用不同于其他图样。除纵剖面图和横剖面图外,其余视图的外形轮廓用细实线表示;甲板、平台、舱壁、内底等结构无论其水密与否,凡不可见的均用粗虚线表示;分段接缝线不用斜栅线而用细实线表示。

14.2 余量/补偿量布置图

余量/补偿量布置图主要反映了全船各个分段的余量及补偿量的加放位置及数值大小,是保证船舶高精度建造的重要文件之一。

14.2.1 符号及含义

1. 余量与补偿

余量和补偿都是构件的边缘(在这里是指分段接缝处板材的边缘和骨架的端部)在放样下料时,所放出的大于构件理论尺寸的部分。

余量是指生产设计阶段加放到船体结构零件的端部,按照余量符号所示在相应的阶段切除的多余部分,一般为30mm,加工余量一般为50~100mm,辊圆的压头量一般为150mm。

补偿分为端部补偿和均匀补偿。端部补偿是指生产设计阶段加放到船体结构零件的端部,在各组立阶段完工时不需要切除的多余部分,一般在15mm以内。均匀补偿是指在主板或构件内部按照每几个肋距(或纵骨间距)或者每隔一定距离预留的焊接收缩补偿。

余量和补偿的区别:构件上所留放的余量要在施工的一定阶段经过定位划线后进行切割。补偿一般不需切割,它是为弥补由构件偏离理论尺寸和焊接收缩产生的误差,以及满足反变形的需要而留放的。通常在船体结构装配焊接之后自行消失。

2. 符号及其含义

余量与补偿在图中用规定的符号表示,其表示方法如图14-5所示。符号中三角形的一个顶角通常指向留放余量的分段的接缝。

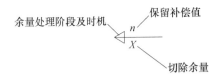

图14-5 余量与补偿量的表示方法

图14-5中:n为各阶段完工时板材(骨材)端部保留的补偿量数值;X为在生产设计阶段加放到船体结构零件端部的余量。

以$\frac{5}{30}$为例:"——"表示处理余量的时机为大组立阶段;"5"表示大组立阶段完

工时板材(骨材)端部保留的补偿量数值;"30"表示在生产设计阶段加放到船体结构零件端部的余量。

符号中余量处理阶段可分为零件加工、小组立、中组立、大组立、总组立和合拢等六个阶段。

零件加工阶段是指船体结构零件的加工过程,一般指曲外板、曲纵骨等在零件下料后,弯曲成形的过程。

小组立阶段是指肘板、肋板、纵桁、纵骨、横梁、框架等部件、组合件的安装焊接过程,此阶段是在船体小组立场地施工的装配焊接过程。

中组立阶段是指平面拼板划线、曲面拼板划线、子分段装焊,以及在流水线上施工的平面板架和内、外场施工的曲面板架的装配焊接过程。

大组立阶段是指完整分段装配焊接过程。

总组立阶段是指上船台(船坞)前分段与分段之间的预合拢过程。

合拢阶段是指在船台(船坞)上进行的分段或总段的合拢过程。

余量的处理阶段需用相应的符号表示,船体结构零件余量与补偿量的表示符号及意义说明见表 14-3。

表 14-3 船体结构零件余量与补偿量的表示符号及意义

记号	内容	备注
$n >$	*在主板或内部构件上给予 n mm 余量(补偿值) *在合拢或总组时,焊接引起的收缩不能切割	*此符号用于端部补偿
$\overset{}{\underset{X}{>}}$	*在主板或内部构件上给予 X mm 的余量 *零件加工后,检查、切割余量	*此符号用于钢板加工时所给予的钢板加工余量
$\overset{n}{\underset{X}{\circ\!\!>}}$	*在主板给予 X mm 余量 *小组立划线后检查,保留 n mm 补偿值,切除余量	*此符号用于小组立拼板前所给予的拼板余量
$\overset{n}{\underset{X}{\triangleright}}$	*在主板上给予 X mm 的余量 *中组立划线后检查,保留 n mm 补偿值,切除余量	*此符号用于中组立板架
$\overset{n}{\underset{X}{\triangleright}}$	*在主板上给予 X mm 的余量 *在上胎板划线后,留 n mm 补偿,检查后切除余量 *散装板在分段大组立后划线、检查,留 n mm 补偿后切除余量	*此符号用于大组立板架
$\overset{n}{\underset{X}{\blacktriangleright}}$	*在主板和内部构件上给予 X mm 的余量 *总组完成后检查,留 n mm 补偿后切除余量	*此符号用于总组立(预合拢)阶段
$\underset{X}{\blacktriangleright}$	*在外板或内部构件上预留 X mm 的余量 *合拢时,确认,然后切除余量	合拢阶段
n mm/s mm	*在主板或内部构件 s mm 间距内预留 n mm 补偿(即均匀补偿) *装配时因焊接引起的收缩量不切割	s = 间距 $\begin{cases} F, S \text{ 肋骨间距} \\ L, S \text{ 纵骨间距} \end{cases}$

(续)

记号	内容	备注
$\underset{\triangledown}{nT}$	*沿焊接收缩方向的适当位置,斜向给予 n mm 补偿 *装配时因焊接引起的收缩量不切割	*此符号用于分段或或构件加放反变形时内部结构的补偿
无符号	无余量及补偿量	按照理论尺寸

注:1. 符号上方有 n 值则表示有补偿量,反之则没有;
    2. 符号下方 X 值如果省略,则表示预留余量为 30mm。

14.2.2 余量/补偿量布置图组成

全船各分段余量及补偿量的加放情况有时直接标注在船体分段划分图中,作为图样组成内容的一部分。当单独绘制余量及补偿量布置图时,其视图组成和分段划分图类似。因为要清晰、完整地反映出与分段装配、合拢相关的全部余量及补偿量,所以视图数量相对较多。

随着造船精度控制技术水平的不断提高,民用船舶建造过程中,为进一步提升合拢效率,减少总组及合拢切割修整比率,一般余量只设置在线型变化较大的曲板和分段精度难以控制的部位等少数区域;大多数分段端口及内部框架只设置补偿量,以抵消因结构焊接收缩带来的尺寸收缩。

下面以某油船各分段余量及补偿量布置图为例,重点分析补偿量分布视图组成及补偿的标注。图 14-6 侧视图中反映出某油船机舱、尾部及上层建筑区域的余量及补偿量设置。从图 14-6 中可看出在分段缝端口均设置不同数值的补偿值、无余量值;在分段长度和高度方向,均在分段内部设置均匀补偿值。

图 14-7 所示的平面图中反映出某油船货舱区甲板分段的余量及补偿量设置。从图 14-7 中可看出船长和船宽方向的甲板分段在分段缝端口均设置不同数值的补偿值,在船宽方向,均在分段内部设置均匀补偿值。

图 14-8 所示的平面图中反映出某油船货舱区底部分段的余量及补偿量设置。从图 14-8 中可看出船长和船宽方向的甲板分段在分段缝端口均设置不同数值的补偿值,在船宽方向,均在分段内部设置均匀补偿值。

图 14-9 所示的纵剖面图中反映出某油船或舱区纵舱壁分段的余量及补偿量设置。从图 14-9 中可看出船长和高度方向的纵舱壁分段在分段端口均设置不同数值的补偿值,在高度方向,均在分段内部设置均匀补偿值。

图 14-10 所示的横剖面图中反映出某油船 FR184 肋位处横剖面各分段的余量及补偿量设置。从图 14-10 中可看出肋位横剖面上船宽及高度方向上分段缝端口均设置不同数值补偿值,同时沿船宽和高度方向均在分段内部设置均匀补偿值。

第 14 章　分段划分图与余量/补偿量布置图

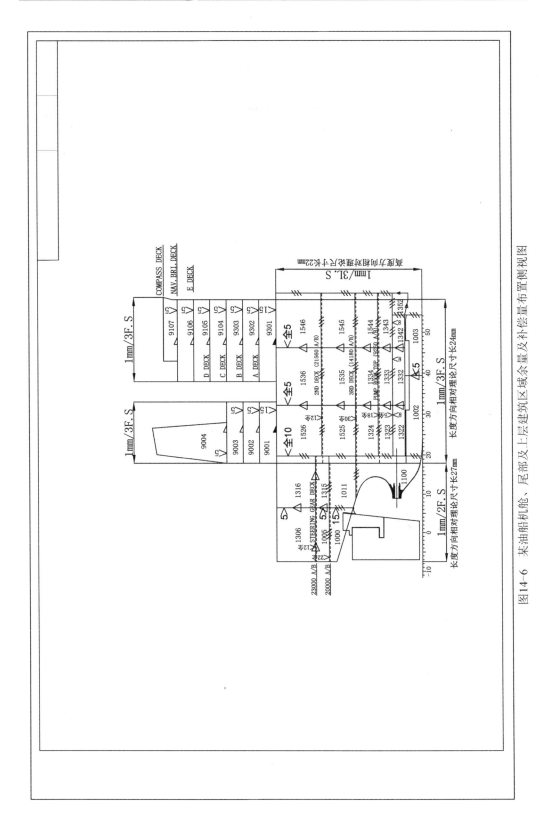

图 14-6　某油船机舱、尾部及上层建筑区域余量及补偿量布置侧视图

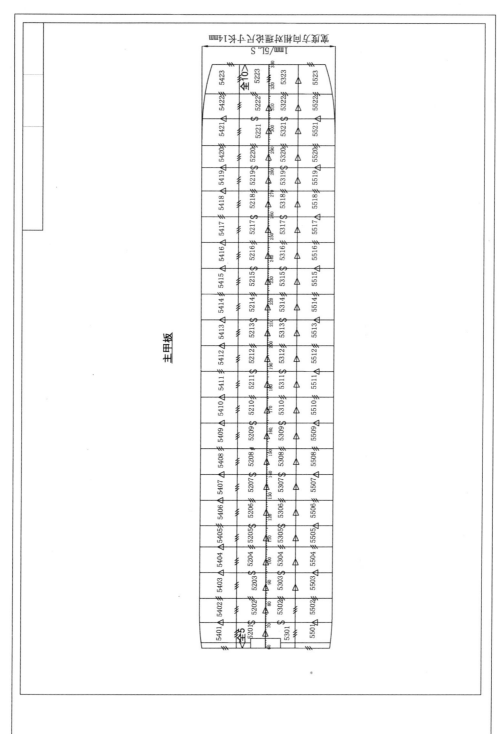

图14-7 某油船货舱甲板区域余量及补偿量布置平面图

第 14 章 分段划分图与余量/补偿量布置图

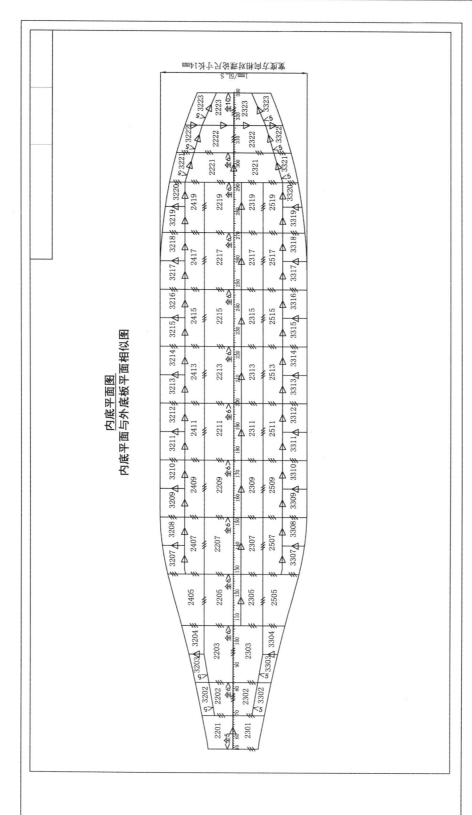

图 14-8 某油船货舱内底区域余量及补偿量布置平面图

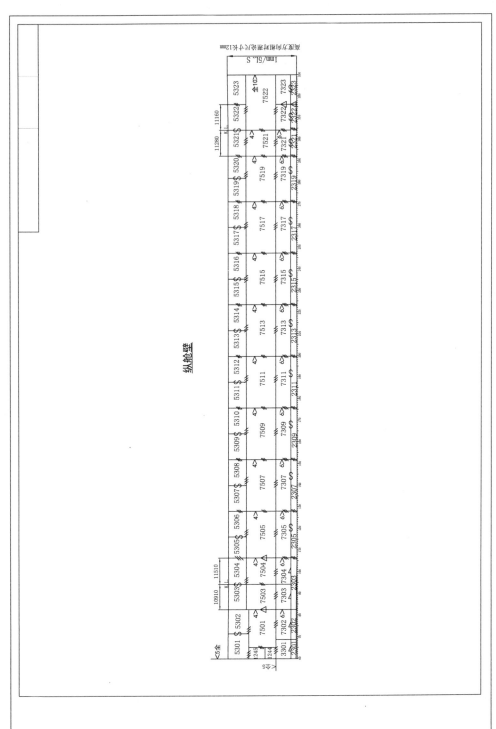

图14-9 某油船货舱纵壁区域余量及补偿量布置纵剖面图

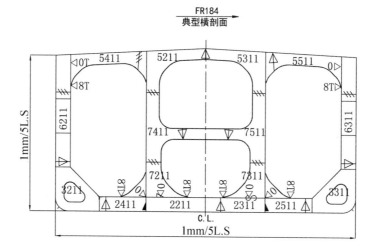

图 14-10 某油船横剖面各分段余量及补偿量布置图

第 15 章 分段结构图

分段结构图是根据分段划分图对船体基本结构图进行拆分细化,对零件进行编码,并增加相关的加工、装配、工艺、路线表、材料定额等信息的设计图样,是船体结构下料、装配和分段施工建造的主要依据。作为施工图样的分段结构图也称分段组立图。

15.1 分段结构图的用途

分段结构图在船体分段建造过程中的用途主要有如下几个方面:
(1) 作为分段建造中零件放样、加工、装配、焊接等工序的施工依据。
(2) 作为工艺设计方案(如胎架设计、辅助工装准备等)的依据。
(3) 作为编制材料明细表、准备原材料以及分段构件配套进行托盘管理等工作的依据。
(4) 作为精确计算主船体重量和重心位置的基础资料,是设计分段吊运和运输方案的重要依据。
(5) 作为分段建造中质量检验的依据。

分段结构图的数量取决于船舶的大小和分段的具体划分情况,大型船舶的分段总数常常超过百个,每个分段都要单独绘制分段结构图。分段结构图大都分多页装订成册,和零件明细表配套使用。

15.2 分段结构图的构成及符号

单个分段一般由数百甚至上千个零件组成。分段结构图应详细标注每个零件的位置、尺寸、规格和组合,以及装配顺序等信息。

15.2.1 分段结构图的构成

分段结构图一般包括组立树、分段详细组立要领图(DAP)、各剖面视图等信息内容。

第 15 章 分段结构图

1. 组立树

为了提升分段建造效率,一个分段往往分为若干"块"进行建造,最后再组装成一个完整的分段,这些"块"被称为"组立"。

每个组立下包含有若干零件及更小级别的组立,根据组立的所属级别及大小命名为小组立、中组立。为了便于组织生产及下料,每个零件及组立都有一个独一无二的编码,这些编码被称为"零件号"及"组立号"。在零件加工结束后,零件本身的编码及所从属的分段号、组立号会被喷涂到零件表面,用于辨识零件。

"组立树"相当于组立的目录,由一系列一一对应的组立号及编码构成。通过检索组立树,可以查找到组立的施工图在分段结构图中的页码。

2. 详细组立要领图

详细组立要领图(Detailed Assembly Procedure,DAP),包含分段主要组立的立体图,反映了分段各主要组立的外形轮廓,帮助施工者确定合适的组立建造方法、建造场地及各组立安装顺序,是分段施工者组织生产的依据之一。

3. 各剖面图

分段结构图中的剖面图是用来表示分段中零件的形状、结构形式、定位尺寸、理论线方向、焊接形式及其他与分段建造相关的信息的视图,是分段结构图内最重要的部分。剖面图通常包括外板展开图、主剖面图、次剖面图及节点详图。

1)外板展开图

外板展开图是将分段所包含的曲形外板按照一定的比例关系铺平展开后得到的视图。

对于平直外板,与其他剖面图表示方法相同。对于曲形外板展开图一般只表示外板板材的材质、厚度分布情况以及板材间的焊接形式,不反映板材的真实形状,通过标注来体现板材的展开尺寸。而剖切外板所得的其他零件(如外板纵骨、肘板)也仅标注零件号及轮廓线,不标明定位尺寸,如图15-1所示。

2)主剖面图

主剖面图是分段结构图中的主要视图,占分段结构图的主要篇幅。除外板以外,其他所有零件的定形及定位信息都在主剖面图中反映出来。主剖面图除包括水平剖面图、纵剖面图、横剖面图等正视图外,还包括其他倾斜结构(如斜纵舱壁、斜内壳等)的斜剖面图,如图15-2所示。

3)次剖面图

如果用主剖面图不能将结构表示清楚,需在主剖面图基础上再作剖面图,此类剖面图称为次剖面图。其标注形式是在主剖面图的基础上用剖切符号表示剖切位置和投影方向,用主剖面图图名加上剖切序号数来表示次剖面图的名称,如图15-3所示。

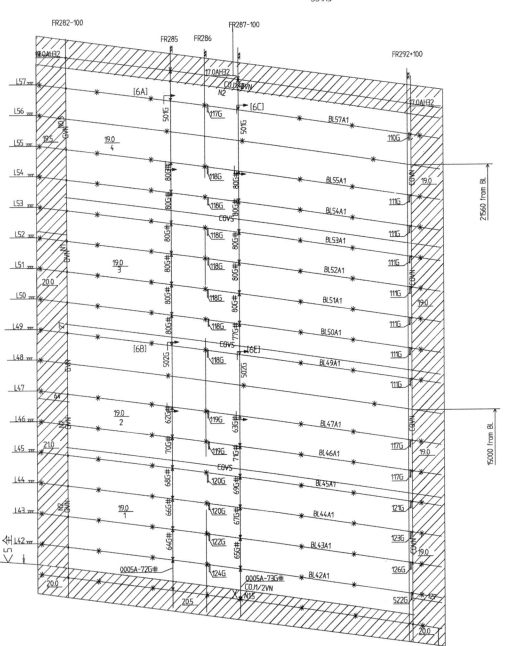

图 15-1 外板展开图

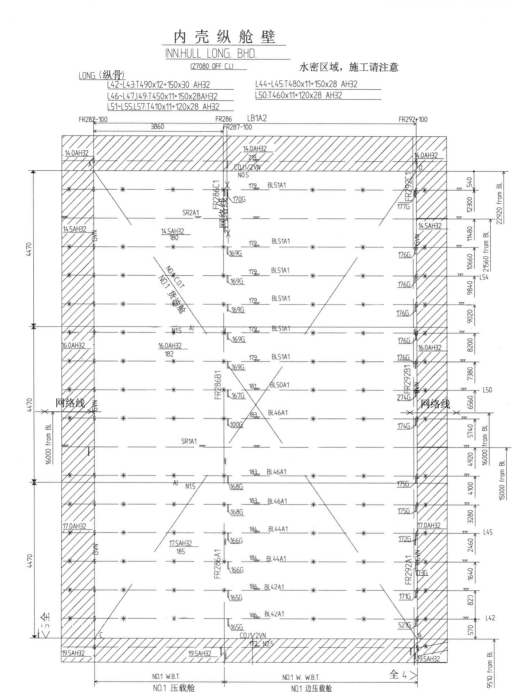

图 15-2 主剖面图

4）节点详图

节点详图是表示节点处结构情况的局部放大图。用较小比例绘制的主视图和剖面图难以把节点处的结构详细表达清楚。因此,在分段结构图中,要另行绘制节点详

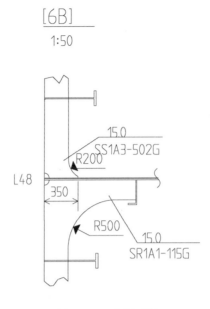

图 15-3 次剖面图

图,以详细表达构件的结构形式和相互连接方式,并在图中完整地标注构件尺寸和焊缝代号。如果单一节点详图尚未把节点的结构完整地表达清楚,可将该节点详图作为主视图,再画出其他视图,形成节点详图的两视图或三视图。当节点详图的比例较大,板材和型材厚度在图中的投影大于 2mm 时,就要画出剖面符号。

在主视图或剖面图中,把要绘制节点的部位用圆形细实线圈出,圆的直径视节点图形的大小而定。各个节点用 DET.1、DET.2、DET.3……顺序编号。在画好的节点详图上方标注相应的顺序号线的下方注明节点详图的比例,如图 15-4 所示。当节点详图数量较少时可以不编号,直接将其画在节点部位附近,用箭头指出并标注比例。

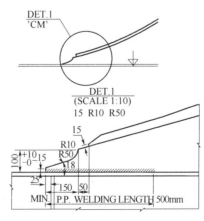

图 15-4 节点详图的标注示意图

第 15 章 分段结构图

除此之外,重要的焊接形式(如全焊透坡口、双面焊坡口)也会以节点详图的形式表示焊接坡口的详图。

15.2.2 零件编码、焊缝及尺寸标注

为了使分段结构图图面的标识整洁、清晰、明了,对零件编码、焊接代号及定位尺寸标注都有相应的要求。在满足《金属船体制图》(GB/T 4476—2008)的基础上,国内各个船厂的编码标准各不相同。下面仅以某船厂为例,介绍一些共性原则。

1. 零件编码

零件是船体结构的最基本单元,是板材经号料、切割等加工后,未经装配和焊接工序而形成的各种形状的钢板和型材。为了便于识读和下料、加工和配套的需要,在分段结构图中需对分段内全部零件进行编号。

1) 编码体系

零件的编码体系一般由分段号—组立号—零件号三级构成。有时为了区分船厂内同时在建的船舶,还会增加船舶工程号。

(1) 分段号的编制方法原则参见 14.1.2 节。

(2) 组立号为零件所从属的组立代码,采用英文与数字混合编码。组立代码一般要反映组立的结构特征,对于左右对称的分段,组立号还要区分左右舷。例如,DK1A1 代表位于左舷的第一个甲板小组立,BK2Q1 代表位于右舷的第二个肘板小组立,FR72A2 代表一个位于左舷 FR72 处的肋板中组立。

(3) 零件号为英文与数字混合编码。位于同一组立上的构件(型材、肘板)形状、材质相同时,可使用相同的零件号。除此之外,任一零件不得采用相同的零件号。在目前各船厂分段结构图生产设计过程中,零件号一般为软件自动生成,不需要人工干预,大大节省了设计时间。

2) 标注形式

在分段结构图中,零件三级编码中,分段号默认缺省,组立号一般标注在图样外侧,而零件号一般与零件的材质、规格一起写在零件尺寸范围内。

2. 焊缝标注

焊缝标注是用以描述焊道焊接方法的编码,包括平面对接板缝的坡口标记、角焊缝的焊脚尺寸要求、特殊焊接形式注明等。通过焊缝标注,施工者可以直观的了解焊道的焊接方法(如自动焊、二氧化碳气体保护焊等)、焊道坡口形式(如 V 形坡口,X 形坡口等)。焊缝标注一般标注在焊道上,以便于识读。同一焊缝只标注一次,不遗漏,不重复。

焊缝标注仅是对焊接方法的粗略反映,具体的焊接参数仍需查阅相关的焊接指导书。

3. 尺寸标注

分段结构图中为施工者提供零件完整详细的尺寸,以及结构上开孔的位置和大

小信息。分段结构图中所标注的尺寸分为定形尺寸和定位尺寸两类。尺寸标注方法应满足 GB/T 4476—2008 的要求。尺寸标注的基准应考虑零件理论线(皮厚)方向,分段结构图中给出的零件定位尺寸均为理论线尺寸。

4. 工艺信息

为了方便施工,在分段结构图内还会增加一些与分段建造相关的工艺信息,如余量/补偿量、精度检查线、临时工艺孔等。

15.2.3 分段结构图的零件明细表

分段结构图中标题栏的上方是零件明细表,明细表用以统计分段中所有零件的名称、尺寸、数量、材料、重量等。明细表可以作为编制分段材料明细和配套的依据,一般以分段零件册的形式出图,便于生产管理。

15.3 分段结构图识读

识读分段结构图主要是为了获取其中的分段建造施工信息,包括零件的件号与配送流程、零件的安装位置、零件间的焊接方法及建造时的特殊要求。

识读分段结构图并没有一个固定的方法,而应根据分段结构的具体情况和读图的目的来确定。识读时,除了解分段结构形式,构件的形状、大小及其连接方式外,还要了解结构细节内容,如装配间隙,切角,型材端部形状,型材穿越孔、流水孔、透气孔以及焊缝坡口的形式等。此外,识读分段结构图时还需要了解图样上文字表达的工艺信息,对图样上的编码/符号的意义要熟练掌握,了解有关分段上的理论线、焊接和装配工艺流程等内容。

除特殊说明外,分段结构图采用毫米(mm)作为尺寸计量单位。所有剖面图采取从上至下、从左至右、从尾至首的剖视方法。对于左右对称的结构,仅显示左舷的剖面图。

1. 标题栏和明细栏

根据标题栏和明细栏可了解船舶名称、分段类型、分段所在部位、分段重量、重心位置及外形尺寸等情况(标题栏的格式各单位可根据自身情况调整)。如图 15 – 5 所示,该分段分段号为 2411,从分段号可判断为底部分段(参见 14.1.2 节)。分段位于肋位 FR175 + 600 ~ FR200 – 480 之间,总重量 232.7 吨,重心位置 X = FR188 – 412、Y = 2100、Z = 1647。

2. 组立树识读

图 15 – 6 为 2411 分段组立树。可以看出,该分段有一个大组立 BS1A3,表示这是一个左舷外板大组立,组立装配详情位于分段结构图第 5 页。其下包含有若干肘板、纵骨小组立及内底板中组立 TT1A2,同时中组立又由若干小组立装配而成。各个组立的装配详情可在对应的页码内查询。

第 15 章 分段结构图

重量		重心		
吨 TON		X(纵向)	Y(距CL)	Z(距基)
P	232.7	FR188-412	2100	1647
S				

分段外形主尺度:22420×7940×6800mm

			×××吨级原油船	生产设计		
文件号 FILE		版本 REV.	0	重量 WEIGHT	比例 SCALE	面积 AREA
设绘	DSGN		2411分段组立图	共14页 TOTAL SHEETS		第1页 SHEET
校对	CHKD		FR175+600~FR200-480			
审核	REVD					
标检	STND					
批准	APVD					

图 15-5 标题栏和明细栏

```
2411
   |-1 BS1A3(P5)
      |-2 BK178A1(P8)
      |-2 BK184A1(P9)
      |-2 BK190A1(P10)
      |-2 BK196A1(P11)
      |-2 BL14A1(P7)
      |-2 BL14B1(P7)
      |-2 TT1A2(P6)
         |-3 BL1A1(P7)
         |-3 BL1B1(P7)
         |-3 FR178A1(P8)
         |-3 FR184A1(P9)
         |-3 FR190A1(P10)
         |-3 FR196A1(P11)
```

图 15-6 分段组立树

3. DAP 识读

图 15-7 为 DAP 中 TT1A2 中组立立体图。从图 15-7 中可以看出这个中组立是以内底板为胎建造的。对中组立所包含的小组立的名称及安装信息,DAP 中也进行了大概的描述,可见这个中组立包含四个肋板小组立及若干纵骨小组立。

4. 剖面图识读

剖面图的识读,与基本结构图中剖面图的识读方法大致相似(见 13.3 节)。但是在分段结构图中,在反映结构的基本信息之上,增加了大量的施工信息。图 15-8 是横剖面图(局部),从图 15-8 中可大体反映出以下信息:

(1) 从左上方的剖面图标题栏可以看出,这是 FR184 横剖面图,结构左右对称,用 ///////// 表示半焊透区域。

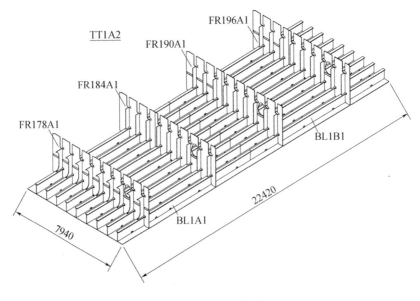

图 15-7 组立立体图

(2) 此结构位于内底板上,与内底板间为角焊缝焊接。

(3) 图 15-8 中所示结构组立号为 BK184A1,所有标注有此组立号的零件都需要配送到同一场地。

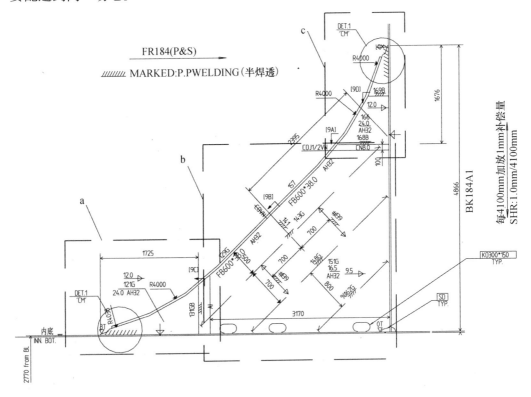

图 15-8 FR184 横剖面图(局部)

(4) 该组立包含三个板材零件,零件号分别为 121G、151G、166。板材尾面一侧焊接有平铁做为加强肋;板材上方焊接有曲形面板结构。

(5) 该组立末端为高应力区(CM),焊接坡口需要特殊处理,由节点详图 DET.1 详细描述。

仅仅了解以上信息并不能全面掌握图样中所包含的施工信息,还需要对图样细节进一步识读。

图 15-9 为图样详图 a 部分,主要反映了零件 121G 周围的施工信息。通过识读,可得到以下信息:

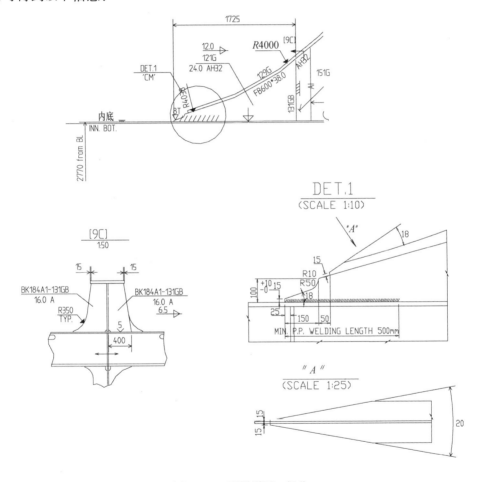

图 15-9 图样详图 a 部分

(1) 零件 121G 外观为三角形板材,厚度为 24mm,材质为 AH32。

(2) 121G 周围有三条焊道,其中与曲形面板间的焊道为普通角焊缝,焊脚高度 12mm;与内底板间的焊道为半焊透角焊缝坡口;与 151G 间的为对接坡口,焊接方法为 AI(自动焊)。

(3) 曲形面板零件号为 129G,规格为 FB600*38.0,代表这是宽度 600mm,厚度 38mm 的平铁结构,材质为 AH32,压弯半径为 4000mm。

(4) 零件端部为高应力区,需要对零件端部形状进行特殊处理,节点详图 DET.1 反映了零件端部的外形加工要求。

(5) 距零件端部横向向右舷 1725mm 处,有纵向安装的零件,零件的安装理论线方向为舷外方向。由于在主视图内无法表示此零件的安装细节,需查看分剖面图 [9C]。从[9C]中可以看出,沿零件 121G 对称安装有两个零件。由于这两个肘板形状、材质、规格及所属组立相同,所以同样命名为 131GB。肘板厚度为 16mm,材质为 A,在零件的下端有 5mm 的加工余量。131GB 通过普通角焊缝与周围零件连接,焊脚 6.5mm。

对于图 15-8 中的其他图样详图都可以按照以上方法进行识读。图 15-10 为图样详图 b 部分,虽然经过放大,但是建造信息仍然繁杂。

为了快速准确地找寻到所需信息,在识读剖面图前,首先应熟练掌握剖面图中各符号、线条所代表的意义;然后通过识读 DAP,对组立外形进行了解;最后对照各剖面图,对零件/组立的信息进行全面的了解。

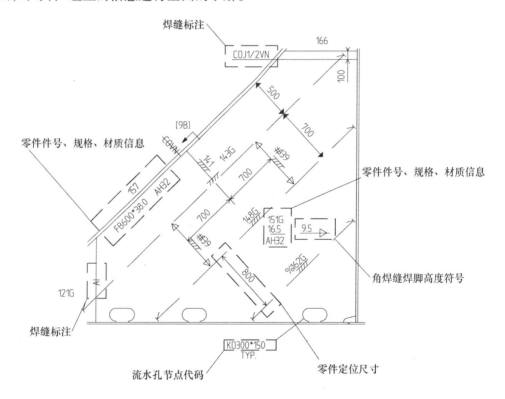

图 15-10 图样详图 b 部分

参 考 文 献

[1] 金仲达.船舶概论[M].哈尔滨:哈尔滨工程大学出版社,2011.
[2] 魏莉洁,何志标.船舶建造工艺学[M].哈尔滨:哈尔滨工程大学出版社,2010.
[3] 陈倩清.船舶焊接工艺学[M].哈尔滨:哈尔滨工程大学出版社,2005.
[4] 曹峰.船体装配操作技能[M].哈尔滨:哈尔滨工程大学出版社,1994.
[5] 姜锡瑞.造船焊接与切割技术[M].哈尔滨:哈尔滨工程大学出版社,2002.
[7] 徐兆康.船舶建造工艺学[M].北京:人民交通出版社,2000.
[8] 饶小江.船体检验[M].北京:人民交通出版社,2007.
[9] 马延德.海洋工程装备[M].北京:清华大学出版社,2013.
[10] 邓璇玲.中国船舶工业年鉴[M].中国船舶工业年鉴编辑委员会,2013.